Avaliação
Desmistificada

Sobre o Autor

Charles Hadji, *agrégé de Philosophie, Docteur d'État,* após ter sido professor na École Normale e, posteriormente, *Maitre de Conférences* na Universidade Lumière Lyon 2, é atualmente professor de Ciências da Educação no Instituto Universitário de Grenoble 2. Seus trabalhos tratam das práticas de avaliação e das questões de ordem filosófica levantadas pelo processo educativo.

H129a Hadji, Charles
Avaliação desmistificada / Charles Hadji;
trad. Patrícia C. Ramos.– Porto Alegre: Artmed, 2001.

ISBN 978-85-7307-758-2

1. Educação – Avaliação – Técnica de ensino.
I. Título.

CDU 371.3

Catalogação na publicação: Mônica Ballejo Canto – CRB 10/1023

Charles Hadji
Avaliação
Desmistificada

Tradução:
Patrícia C. Ramos

Consultoria, supervisão e revisão técnica desta edição:
Cristina Dias Allessandrini
Mestra e doutora em Psicologia Escolar e do Desenvolvimento
Humano pela Universidade de São Paulo.
Psicóloga e arte-terapeuta.

Reimpressão 2008

2001

Obra originalmente publicada sob o título
L'évaluation démystifiée

© ESF éditeur, 1997
ISBN 2-7101-1235-3

Design de capa:
Flávio Wild
Assistente de design:
Gustavo Demarchi

Preparação do original:
André Luis Aguiar

Leitura final:
Maria da Glória Almeida dos Santos

Supervisão editorial:
Mônica Ballejo Canto

Editoração eletrônica
Art & Layout – Assessoria e Produção Gráfica

Reservados todos os direitos de publicação, em língua portuguesa, à
ARTMED® EDITORA S.A.
Av. Jerônimo de Ornelas, 670 - Santana
90040-340 Porto Alegre RS
Fone (51) 3027-7000 Fax (51) 3027-7070

É proibida a duplicação ou reprodução deste volume, no todo ou em parte, sob quaisquer formas ou por quaisquer meios (eletrônico, mecânico, gravação, fotocópia, distribuição na Web e outros), sem permissão expressa da Editora.

SÃO PAULO
Av. Angélica, 1091 - Higienópolis
01227-100 São Paulo SP
Fone (11) 3665-1100 Fax (11) 3667-1333

SAC 0800 703-3444

IMPRESSO NO BRASIL
PRINTED IN BRAZIL
Impresso sob demanda na Meta Brasil a pedido de Grupo A Educação.

Sumário

Da utopia à realidade: seria finalmente possível passar à ação? 9

PRIMEIRA PARTE
Compreender

1. **Compreender que a avaliação formativa não passa de uma "utopia promissora"** 15
    Avaliações implícita, espontânea e instituída 16
    Avaliação de referência normativa, avaliação de referência criteriada 17
    Avaliações prognósticas formativa e cumulativa 19
    A avaliação formativa como utopia promissora 20
    Os obstáculos à emergência de uma avaliação formativa 22
2. **Compreender que avaliar não é medir, mas confrontar em um processo de negociação** 27
    A avaliação não é uma medida. A prova pela notação 27
    A avaliação é um ato que se inscreve em um processo geral de comunicação/negociação 34
    A avaliação é um ato de confronto entre uma situação real e expectativas referentes a essa situação 41
3. **Compreender que é possível responder a três questões pertinentes** 51
    Deve-se abandonar toda pretensão à objetividade quantitativa? 51
    Deve-se recusar-se a julgar? 60
    Deve-se... continuar a avaliar? 65

SEGUNDA PARTE
Agir

Introdução 73
4. **Agir desencadeando de maneira adequada** 77
    A questão do dispositivo 77

  A necessária articulação objeto-exercícios 81
  A tarefa, como desencadeador privilegiado 86
5. **Agir observando/interpretando de maneira pertinente** 95
  A tensão observável/inobservável 95
  O problema da análise dos erros 98
  Facilitar um procedimento de auto-avaliação 101
6. **Agir, comunicando de modo útil** 109
  Algumas pistas para uma comunicação mais formativa 109
  Comunicação, deontologia, ética 113
7. **Agir remediando de modo eficaz** 121
  A remediação, como ato pedagógico 121
  Algumas referências para uma "remediação" eficaz 123

Concluindo provisoriamente 129

Referências bibliográficas 133

À Antoinette

Da utopia à realidade: seria finalmente possível passar à ação?

No espaço escolar, não deveria a atividade de avaliação ser construída, antes de tudo, como uma prática pedagógica a serviço das aprendizagens? A intenção que dinamiza as tentativas de avaliação formativa e lhes dá sentido é, em todo caso, fazer testes, provas e avaliações de todo tipo, dos momentos intensos de um trabalho de assistência às aprendizagens. Avaliar os alunos para fazer com que evoluam melhor (rumo ao êxito), esta é a idéia central do que designamos pela expressão "aprendizagem assistida por avaliação" (Hadji, 1992). Uma avaliação capaz de compreender tanto a situação do aluno quanto de "medir" seu desempenho; capaz de fornecer-lhe indicações esclarecedoras, mais do que oprimi-lo com recriminações; capaz de preparar a operacionalização das ferramentas do êxito, mais do que se resignar a ser apenas um termômetro (até mesmo um instrumento) do fracasso, não seria o mais belo auxiliar, e o primeiro meio, de uma pedagogia enfim eficaz?

É inegável que, no mundo da educação e da formação, o conceito de avaliação foi objeto, nos últimos 30 anos, de um entusiasmo crescente. Hoje em dia, prega-se facilmente, e sem dúvida com razão, o que seria uma "cultura da avaliação". Claude Thélot, diretor de Avaliação e de Prospectiva do Ministério da Educação, denomina deste modo um estado de espírito que acarreta um esforço regular de apreciação das ações conduzidas, possibilitando, como resultado, modificar seu curso, se necessário (Thélot, 1993, p. 144). Espera-se assim, que a avaliação se torne uma "poderosa alavanca" para uma ampliação do êxito na escola.

Porém, mais precisamente, a noção de avaliação formativa foi proposta por Scriven, em 1967, em relação aos currículos, antes de ser estendida aos estudantes por Bloom em 1971. Faz 30 anos, portanto, que a comunidade educativa (ou, pelo menos, uma parcela significativa) almeja uma avaliação que se consagre à regulação das aprendizagens, capaz de orientar o aluno para que ele próprio possa situar suas dificuldades, analisá-las e descobrir, ou pelo menos, operacionalizar os procedimentos que lhe permitam progredir. Nessa perspectiva, o erro não seria uma falta a ser reprimida, mas uma fonte de informação, e isso tanto para o professor – cujo dever é analisar a produção e, através dela, a situação do aluno – como para o aluno, que precisa compreender seu erro para não mais cometê-lo, e progredir.

Ora, deve-se reconhecer que ainda hoje isso se refere mais ao modelo ideal do que à realidade cotidiana. Certamente está fora de questão negar que inúmeros professores esforçam-se, no cotidiano de sua ação, para executar uma avaliação mais "inteligente", capaz de realmente ajudar os alunos a progredirem. Entretanto, não se deveria observar também que a maioria dos professores ainda vivencia freqüentemente essa avaliação como um peso, suportado porque julgado necessário, ou como um freio, quando não tempo perdido, mais do que como uma ferramenta eficaz a serviço de uma pedagogia dinâmica? Poder-se-á então lutar realmente contra a inércia e vencer o imobilismo? É possível fazer com que as coisas evoluam de uma maneira significativa? A "avaliação formativa" poderá, de algum modo, mudar de estatuto e, de utopia, tornar-se realidade?

Esta pequena obra tem a ambição de contribuir para tal evolução. Portanto, desse ponto de vista, é uma obra militante. Espera, todavia, abster-se dos impulsos censuráveis e libertar-se das convicções ilusórias. Por meio de que milagre? Simplesmente começando por propor um balanço. Um balanço que levará em conta, em primeiro lugar, e paradoxalmente, o que é apenas uma convicção: aquela segundo a qual a avaliação deve tornar-se formativa. Há nisto uma intenção, bastante presente nas mentes nos últimos 30 anos, com a qual concordamos. Essa escolha é propriamente ideológica e poderia perfeitamente ser contestada como tal, pois se apóia no que a avaliação deve ser, naquilo a que é destinada, ou seja, em um uso social julgado prioritário. Vamos esclarecer isso. Podemos, porém, apelar de saída, para explicar essa convicção criadora que julgamos presente no próprio coração da idéia de avaliação formativa, à vivência de cada professor: se a avaliação dos alunos não tem, em grande parte, o papel (e, conseqüentemente, a justificativa) de estar a serviço de uma progressão dos alunos, que sentido poderia ter, em um espaço com vocação pedagógica? De certo modo, não faz parte da essência pedagógica da avaliação escolar pôr-se a serviço dos alunos? Refletiremos sobre isso, tentando compreender tudo o que implica a idéia de avaliação formativa, abordada como "utopia promissora". Nossa primeira ambição será compreender: compreender o que está em jogo, para além das disputas ideológicas, dos debates teóricos e das discussões técnicas. Por essa razão, depois de ter tentado delimitar o que parece legítimo esperar, esboçaremos, colocando-nos então em um plano estritamente científico, um balanço dos saberes produzidos pela pesquisa sobre a natureza e o funcionamento do ato de avaliação, tal como apresenta-se na realidade concreta das práticas. Consideraremos, neste nível, três "fatos" que nos parecem cientificamente estabelecidos:

– a avaliação é sempre algo diferente de uma pura e simples medida científica;
– o ato de avaliação é um ato de confronto, de correlação...
– ... que, em grande parte, implica "arranjos" e é o fruto de "negociações".

Estaremos finalmente em condições de fazer o balanço daquilo sobre o que nos interrogamos sempre, indicando três questões penetrantes, sobre o sentido e o interesse do processo de avaliação.

– Questão 1: deve-se abandonar toda pretensão à objetividade quantitativa?
– Questão 2: deve-se recusar-se a julgar?
– Questão 3: deve-se continuar a avaliar?

Por conseqüência, e paradoxalmente, o que está finalmente em jogo é a própria existência de uma atividade autônoma de avaliação. Portanto, restar-nos-á ver como, apoiando-nos no que tivermos compreendido do ato de avaliação, poderia ser possível, concretamente, executar uma prática de avaliação no sentido da utopia promissora de uma avaliação formativa. Poderemos então propor alguns materiais para a construção de um dispositivo de avaliação com intenção formativa, no sentido de uma "aprendizagem assistida por avaliação", em torno de quatro tarefas constitutivas no que tange à prática do professor-avaliador:

1) desencadear comportamentos a observar;
2) interpretar os comportamentos observados;
3) comunicar os resultados da análise;
4) remediar os erros e as dificuldades analisados.

Esperamos assim trazer ao leitor, sobre uma questão que vem sendo objeto nos últimos 30 anos de uma abundante literatura, elementos para que não se afogue nesse mar de textos, e pistas para uma ação coerente. Elementos e pistas para que não se perca. Em suma: compreender para agir.

Primeira parte
Compreender

1 Compreender que a avaliação formativa não passa de uma "utopia promissora"

(Investigação sobre a "formatividade" da avaliação)

A questão da avaliação é multidimensional. Propomos abordá-la sob o ângulo das convicções que se manifestaram a seu respeito. Isso não seria colocar a investigação, deliberadamente, fora do campo científico? Qual a pertinência de rever as convicções? Não se corre o risco de esgotamento, identificando convicções múltiplas, ao passo que o essencial seria dizer como, concretamente, convém agir? Estabelecer os progressos da pesquisa já pode parecer uma perda de tempo aos olhos de certos espíritos refratários à "teoria". Então, por que querer examinar convicções? Para decidir eventualmente sobre sua legitimidade? Em nome de quê?

Em nome de dois tipos de considerações. Por um lado, examinando os fatos, por outro, a essência das atividades envolvidas.

Consideramos os fatos: não se tratará, precisamente, de nos desgastarmos examinando as convicções existentes, pois nos limitaremos aqui a registrar a existência de uma convicção dominante, pelo menos entre aqueles que serão... os leitores desta obra! Aquela segundo a qual, na escola, deve-se pôr a avaliação a serviço das aprendizagens o máximo possível. Na verdade, aqueles que acreditam na necessidade de uma avaliação formativa afirmam a pertinência do princípio segundo o qual uma prática – avaliar – deve tornar-se auxiliar da outra – aprender. Para nós, a forte presença dessa convicção nos especialistas da avaliação é um fato de partida. Porém, e um não acarretando necessariamente o outro, nós nos situaremos deliberadamente no âmbito dessa convicção, cuja pertinência admitimos, em nome de uma reflexão sobre a essência do trabalho do professor. O que é, efetivamente, ensinar, senão ajudar alunos a construir os saberes e competências que a "freqüência" às disciplinas escolares apela e cuja construção permite (cf. Hadji, 1989, p. 86-87)? A avaliação, em um contexto de ensino, tem o objetivo legítimo de contribuir para o êxito do ensino, isto é, para a construção desses saberes e competências pelos alunos. O que parece legítimo esperar do ato de avaliação depende da significação essencial do ato de ensinar. A esperança de pôr a avaliação a serviço da aprendizagem e a convicção de que isso é desejável não são, portanto, absolutamente o fruto de caprichos pessoais ou a manifestação de fantasias discutíveis. Trata-se de uma esperança legítima em situação pedagógica: a avaliação formativa é o horizonte lógico de uma prática avaliativa em terreno escolar.

O problema é então delimitar bem esse ideal, pois a noção de avaliação formativa constitui um modelo ideal e corresponde, vamos vê-lo, ao que poderemos chamar de utopia promissora. A primeira tarefa, para quem quer trabalhar em sua emergência concreta, é saber o que se deve entender exatamente por avaliação formativa. Não que seja possível fornecer ao leitor, desde o início, um modelo operatório, que deveria apenas ser aplicado para estar certo de fazer uma avaliação formativa. É claro que esperamos poder oferecer alguns elementos, de ordem prática, neste sentido. Porém, devemos fazer primeiramente o esforço de compreender o conceito de avaliação formativa, para ver quais são seu sentido, seu alcance e seu estatuto, e levantar, a partir daí, o problema de sua operatividade. Efetivamente, a questão da existência prática está relacionada àquelas da natureza e do estatuto da atividade em questão e/ou... visada.

Contudo, se a avaliação formativa fosse um fato, o argumento anteriormente enunciado seria invalidado. Bastaria considerar o fato, delimitá-lo, propondo um modelo descritivo que permitisse definir o objeto (a avaliação formativa é o que se pratica como tal) e, ao mesmo tempo, construir uma prática (basta agir conforme esse modelo). Mas as coisas não são tão simples. O que resulta de uma abordagem puramente descritiva? Podemos apreender a avaliação formativa na realidade objetiva das práticas observáveis?

AVALIAÇÕES IMPLÍCITA, ESPONTÂNEA E INSTITUÍDA

A abordagem descritiva das atividades de avaliação produziu algumas distinções que pode ser útil considerar inicialmente. Por um lado, para colocar essa primeira investigação, naquilo que é legítimo esperar, a serviço de nossa intenção geral de fazer um balanço dos saberes. Por outro, e sobretudo neste primeiro momento, para poder determinar o estatuto "epistemológico" do conceito de avaliação formativa. Este corresponde a uma realidade, facilmente discernível, que pode ser distinguido facilmente e sem discussão?

Uma primeira distinção digna de interesse foi elaborada por Jean-Marie Barbier (1985, p. 31-36); ela considera o grau de explicitação e de instrumentação do julgamento de avaliação. Freqüentemente esse julgamento é apenas *implícito* e só se revela por meio de seus efeitos. Por exemplo, a auto-eliminação através da qual um certo número de estudantes nem mesmo se apresenta para o exame revela posteriormente a "formulação" – mas, precisamente, essa formulação não foi pronunciada, não se traduziu em um ato formal de comunicação – de um julgamento avaliativo negativo (sobre seu próprio valor escolar e, portanto, sobre suas chances de êxito). A avaliação *espontânea,* por sua vez, formula-se. Mas não repousa sobre nenhuma instrumentação específica. Por essa razão, permanece subjetiva, até mesmo "selvagem". O mesmo acontece com a maioria dos julgamentos que os estudantes formulam espontaneamente sobre seus professores (*X é super legal; Y é uma droga*), ou que os professores formulam sobre seus alunos, às vezes desde o primeiro olhar (*eu senti de saída que dali não sairia nada...*). Somente a avaliação *instituída* repousa sobre a operacionalização de uma instrumentação específica. Os exames escolares fazem parte deste caso. Há utilização de instrumentos (as provas) para produzir as informações sobre as quais se baseará o julgamento (*aprovado no exame de conclusão*). É por este último tipo de avaliação que devemos e vamos nos interessar, sem negligenciar totalmente a avaliação espontânea dos professores que pode, independentemente deles, colaborar – ou então destruir – para uma estratégia de avaliação formativa. Por esse motivo, uma avaliação instituída não é, em si, nem formativa, nem não-formativa. A distinção operar-se-á a partir de critérios distintos da simples presença de uma instrumentação. A "formatividade" situar-se-á fora daí. Onde? É precisamente isso que devemos determinar. Porém, isso já nos leva a pensar que ela não é uma mera questão de forma: que não se poderá distinguir, de acordo com critérios meramente externos (por exemplo, a natureza e as modalidades da instrumentação), avaliações em si formativas opondo-se claramente a avaliações em si não-formativas.

AVALIAÇÃO DE REFERÊNCIA NORMATIVA, AVALIAÇÃO DE REFERÊNCIA CRITERIADA

Fala-se freqüentemente de avaliação normativa para designar uma avaliação que impusesse, de fato, normas (de comportamento) que, em sua dimensão social, seriam eminentemente contestáveis. Desse ponto de vista, toda avaliação socialmente organizada, anunciada e executada como tal dentro de uma instituição é normativa. Aceitar ser avaliado, no exame de conclusão dos estudos secundários, em matemática, é aceitar a idéia de que um bom desenvolvimento passa pela aprendizagem da matemática. Pode-se então pensar a avaliação formativa como uma avaliação "liberadora", no sentido de que não imporia nenhuma norma social? Além da idéia de uma *avaliação livre de qualquer norma* representar sem dúvida bem mais do que uma simples utopia, enquanto que uma avaliação que não repousasse sobre normas corresponderia a uma impossibilidade lógica (mas isso ainda deve ser explicitado), é preciso ver que a equação assimilando presença de normas a sujeitamento é contestável. A oposição não é entre uma avaliação subjugada e subjugante pela presença de normas e uma avaliação liberada e liberadora devido à ausência dessas normas. A norma, em si, não é nem subjugante nem liberadora.

O que é uma norma? No sentido social, um modelo de comportamento valorizado por um grupo. No sentido estatístico, o comportamento mais corrente. Sem dúvida, quando se impõe a valorização social, o segundo sentido reencontra o primeiro. Mas foi por referência às distribuições de tipo aleatório que a denominação de teste normativo foi escolhida para designar provas em que as respostas de um indivíduo são apreciadas em comparação com aquelas de um grupo de referência, que definem uma tabela de classificação. Por extensão, é dita normativa uma avaliação cuja ambição é situar os indivíduos uns em relação aos outros. A avaliação normativa opõe-se então à *avaliação criteriada*: designa-se por essa expressão uma avaliação que aprecia um comportamento, situando-o em relação a um alvo (o critério, que corresponde ao objetivo a ser atingido). É por essa razão que Gilbert De Landsheere (1979) lamenta o uso do adjetivo normativo para designar a avaliação do primeiro tipo, pois nesse caso "normativo" não corresponde à acepção habitual da palavra. De modo que:

– ou a expressão "avaliação normativa" designa uma avaliação que impõe as normas. Nesse caso, porém, toda avaliação, mesmo aquela que será pensada ou desejada formativa, impõe normas! A avaliação formativa não tem a ambição de permitir ao maior número possível de alunos que se tornem bons alunos..., conforme o modelo ideal – norma dominante no universo escolar – do bom aluno que foi aprovado no maior número possível de matérias escolares, sobretudo nas matérias dominantes?

– ou então ela designa, tecnicamente, um modo de proceder em que se considera a distância em relação aos outros antes de considerar a distância em relação ao alvo visado. Neste último caso, uma das duas formas (normativa, criteriada) corresponderia mais a uma avaliação formativa? Poder-se-ia pensar que, *a priori*, é mais formativa uma avaliação centrada em objetivos claramente definidos. Parece-nos certo, desse ponto de vista, que a percepção correta, pelo aluno, do alvo visado é uma das condições de seu êxito. Entretanto, é claro que toda avaliação normativa é também, em parte, criteriada: para situar alguns desempenhos em relação aos outros, é necessário referir-se a critérios de conteúdo! Do mesmo modo, toda avaliação criteriada pode levar a uma avaliação normativa. Por outro lado, ambas podem ser formativas... ou não! Saber posicionar-me em relação aos outros pode ter um valor formativo muito grande... se isso proporcionar uma salutar conscientização, por exemplo, de minhas lacunas. Mais uma vez, a "formatividade" não reside na forma externa da atividade de avaliação. Mas onde então? E isso significa que não há nenhum critério que permita distinguir a avaliação formativa do que não o é?

AVALIAÇÕES PROGNÓSTICA, FORMATIVA E CUMULATIVA

Há, entretanto, um critério que permite de certo modo designar do exterior uma avaliação formativa. Mas vamos ver que esse critério, contrariamente ao que se acreditou por muito tempo, não é totalmente determinante. É aquele do lugar da avaliação em relação à ação de formação. Pode-se entender por ação de formação tanto uma breve seqüência (20 minutos de apresentação de uma noção, uma hora de aula) quanto algo muito mais longo (um semestre de aulas na universidade, por exemplo). Esquematicamente, três grandes casos são possíveis (cf. Hadji, 1989, p. 58-59).

– A avaliação precede a ação de formação. Fala-se então de *avaliação prognóstica* e, mais raramente hoje em dia, diagnóstica, pois compreendeu-se que toda avaliação podia ser diagnóstica, na medida em que identifica certas características do aprendiz e faz um balanço, certamente mais ou menos aprofundado, de seus pontos fortes e fracos. A avaliação prognóstica tem a função de permitir um ajuste recíproco aprendiz/programa de estudos (seja pela modificação do programa, que será adaptado aos aprendizes, seja pela orientação dos aprendizes para subsistemas de formação mais adaptados a seus conhecimentos e competências atuais).

– A avaliação ocorre depois da ação. Fala-se então de *avaliação cumulativa*. Ela tem a função de verificar se as aquisições visadas pela formação foram feitas. Faz-se um balanço das aquisições no final da formação, com vistas a expedir, ou não, o "certificado" de formação. Tendo intenção certificativa (quer haja ou não emissão efetiva de um diploma), a avaliação cumulativa, sempre terminal, é mais global e refere-se a tarefas socialmente significativas.

– A avaliação situa-se no centro da ação de formação. É então chamada de *formativa*. Por quê? Porque sua função principal é – ou, pois tudo encontra-se aí, deveria ser logicamente – contribuir para uma boa regulação da atividade de ensino (ou de formação, no sentido amplo). Trata-se de levantar informações úteis à regulação do processo ensino/aprendizagem. E vê-se bem que é aquilo a serviço do que é colocada que permitirá julgar a "formatividade" de uma avaliação. Apenas o lugar em relação à ação não basta, pois toda avaliação, mesmo no centro da ação, tem uma dimensão cumulativa. Sempre se faz o balanço das aquisições dos alunos. E toda avaliação tem – ou deveria ter, em um contexto pedagógico – uma dimensão prognóstica, no sentido de que conduz – ou deveria conduzir – a um melhor ajuste ensino/aprendizagem. Poderia – deveria – tratar-se de adaptar melhor o conteúdo e as formas de ensino às características dos alunos reveladas pela avaliação (pedagogia diferenciada).

A AVALIAÇÃO FORMATIVA COMO UTOPIA PROMISSORA

De modo que, finalmente, é a intenção dominante do avaliador que torna a avaliação formativa. Isso fica muito claro quando considera-se a maneira como se descreve, classicamente, uma avaliação formativa. Percebe-se, então, que se trata de um modelo ideal, indicando o que deveria ser feito... para tornar a avaliação verdadeiramente útil em situação pedagógica! Desta forma, considera-se primeiramente que a avaliação formativa é uma avaliação informativa. A tal ponto que Philippe Perrenoud (1991, p. 50), após ter relembrado que é "formativa toda avaliação que auxilia o aluno a aprender e a se desenvolver, ou seja, que colabora para a regulação das aprendizagens e do desenvolvimento no sentido de um projeto educativo", afirma que seria melhor falar de "observação formativa do que de avaliação". Duas coisas são, pois, claramente declaradas: a avaliação torna-se formativa na medida em que se inscreve em um projeto educativo específico, o de favorecer o desenvolvimento daquele que aprende, deixando de lado qualquer outra preocupação. "A observação é formativa quando permite guiar e otimizar as aprendizagens em andamento" (p.50). E é sua virtude informativa que é seu caráter essencial. A partir do momento em que informa, ela é formativa, quer seja instrumentalizada ou não, acidental ou deliberada, quantitativa ou qualitativa. *"A priori,* nenhum tipo de informação é excluído, nenhuma modalidade de coleta e de tratamento deve ser descartada" (p.50). Uma avaliação não precisa conformar-se a nenhum padrão metodológico para ser formativa. Para facilitar o próprio processo, basta-lhe informar os atores do processo educativo.

Por isso, e esta é a segunda característica em geral considerada, uma avaliação formativa informa os dois principais atores do processo. O professor, que será informado dos efeitos reais de seu trabalho pedagógico, poderá regular sua ação a partir disso. O aluno, que não somente saberá onde anda, mas poderá tomar consciência das dificuldades que encontra e tornar-se-á capaz, na melhor das hipóteses, de reconhecer e corrigir ele próprio seus erros.

Assim, e é sua terceira e mais importante característica, a essa função de regulação voltada para o professor e para o aluno, acrescenta-se o que designou-se como uma função "corretiva". De fato, o professor, assim como o aluno, deve poder "corrigir" sua ação, modificando, se necessário, seu dispositivo pedagógico, com o objetivo de obter melhores efeitos por meio de uma maior "variabilidade didática" (Marc Bru, 1991). A avaliação formativa implica, por parte do professor, flexibilidade e vontade de adaptação, de ajuste. Este é sem dúvida um dos únicos indicativos capazes de fazer com que se reconheça de fora uma avaliação formativa: o aumento da variabilidade didática. Uma avaliação que não é seguida por uma modificação das práticas do professor tem poucas chances de ser formativa! Por outro lado, compreende-se por que se diz freqüentemente que a avaliação formativa é, antes, contínua. A inscrição no centro do ato de formação se traduz, na verdade, por uma melhor articulação entre a coleta de informações e a ação remediadora. As correções a serem feitas com o objetivo de melhorar o desempenho do aluno, e que concernem portanto tanto à ação de ensino do professor quanto à atividade de aprendizagem do aluno, são escolhidas em função da análise da situação, tornada possível pela avaliação formativa. O remédio baseia-se no diagnóstico, o que permite aos atores retificar as modalidades da ação em andamento. Como Linda Allal indicara claramente já em 1979, a atividade de avaliação desenrola-se, nessas condições, em três etapas. À coleta de informações, referente aos progressos realizados e às dificuldades de aprendizagem encontradas pelo aluno, acrescenta-se uma interpretação dessas informações, com vistas a operar um diagnóstico das eventuais dificuldades, tudo isso levando a uma adaptação das atividades de ensino/aprendizagem – coleta de informação/diagnóstico individualizado/ajuste da ação, assim se apresenta a seqüência formativa.

Assim, a idéia de avaliação formativa corresponde ao modelo ideal de uma avaliação:

– colocando-se deliberadamente a serviço do fim que lhe dá sentido: tornar-se um elemento, um momento determinante da ação educativa;
– propondo-se tanto a contribuir para uma evolução do aluno quanto a dizer o que, atualmente, ele é;
– inscrevendo-se na continuidade da ação pedagógica, ao invés de ser simplesmente uma operação externa de controle, cujo agente poderia ser totalmente estrangeiro à atividade pedagógica.

Percebe-se finalmente que a afirmação segundo a qual se trata de um modelo ideal repousa sobre duas séries de considerações:

1) O que a define é menos da ordem dos fatos, objetivamente observáveis, que das intenções, que não podem ser apreendidas na exterioridade das práticas. É em sua destinação, no sentido do projeto no âmbito do qual ela se inscreve que se "lê" a "formatividade" da avaliação.

2) Em função disso, ninguém jamais pode estar certo de fazer avaliação formativa. Não pode haver dispositivo pronto. O modelo ideal não é diretamente operatório. E é sem dúvida por isso, como observamos no início, que a avaliação formativa sempre terá uma dimensão utópica. Sua existência concreta jamais é assegurada. Ela é uma possibilidade oferecida aos professores que compreenderam que podiam colocar as constatações pelas quais se traduz uma atividade de avaliação dos alunos, qualquer que seja sua forma, a serviço de uma relação de ajuda. *É a vontade de ajudar que, em última análise, instala a atividade avaliativa em um registro formativo.*

Assim, esse modelo não é um modelo científico, visto que vai bem além da mera tentativa de descrever e de explicar rigorosamente as práticas, tampouco um modelo de ação, visto que dele não decorre imediatamente nenhuma regra técnica diretamente aplicável. Trata-se exatamente de um modelo regulador, de uma utopia promissora, que indica o objetivo, não o caminho....

OS OBSTÁCULOS À EMERGÊNCIA DE UMA AVALIAÇÃO FORMATIVA

Isso equivale a dizer que a avaliação jamais será realmente formativa? E como contribuir para uma progressão das práticas no sentido do modelo ideal? Qual pode, em particular, ser o papel de uma obra como esta?

A resposta a essa pergunta pode expressar-se sob a forma de uma hipótese de trabalho: para agir eficazmente, é útil compreender primeiro.

A explicitação do estatuto de utopia promissora pode nos levar a compreender, nesse sentido, a fim de imaginar caminhos a serem encurtados ou contornados, quais são os principais obstáculos à emergência de uma Avaliação com Intenção Formativa (EVF[*])?

1. Um primeiro obstáculo decisivo é a *existência de representações inibidoras*. Sabe-se que as pesquisas em didática (cf., entre outros, Joshua e Dupin, 1993) mostraram a força de certas representações que, tornando-se concepções, podem obstaculizar, só por sua "presença", a construção dos conceitos científicos. Assim, os usos sociais dominantes da atividade avaliativa, em uma perspectiva administrativa, marcada pela presença ponderada da exigência de certificação, e isso no âmbito de uma pedagogia destinada a fazer emergir a "excelência" e a selecionar neste sentido, refletem e ao mesmo tempo reforçam concepções da avaliação, por exemplo, como atividade de triagem científica. Assim, a representação segundo a

---

[*] N. de T. Daqui em diante será usada EVF, do francês *Évaluation à Volonté Formative*.

qual a avaliação é uma medida continua viva, até mesmo pregnante, na mente dos avaliadores escolares. Aliás, como não ser vítima disso quando todos (administração, pais, alunos, colegas) reclamam notas? A nota não é a expressão de uma justa medida? Em nome de que podemos afirmar aqui que se é "vítima" de tal representação? Só pode ser em nome de uma concepção cientificamente fundamentada da atividade de avaliação.

Por essa razão, após ter definido a perspectiva legítima, em situação pedagógica, da EVF (pois, como já compreendemos, se o professor tem o dever, como trabalhador social, de participar das atividades de orientação, de seleção e de certificação, tem acima de tudo o dever, como agente especificamente pedagógico, de contribuir com todas as suas forças para uma progressão dos alunos), devemos fazer de modo sistemático o balanço do que foi cientificamente estabelecido pela pesquisa. A primeira maneira de deixar de lado as representações inadequadas é voltar-se para o saber sem esperar, todavia, milagres da difusão desse saber. De fato, a mudança nas práticas implica, entre outras coisas, mudança das mentalidades, condicionada por fatores de ordem ideológica e social. Se, como observa J.-M. De Ketele (1986, p. 260), a avaliação "traduz e serve a ideologia dominante da instituição social à qual pertence o professor", nenhuma avaliação decisiva pode ser esperada sem que haja uma mudança profunda na ideologia dominante. Dever-se-ia, em todo caso, aprofundar o estudo das condições de possibilidade da mudança, no sentido do trabalho de Yvan Tourneur (em De Ketele, 1986, p.241-242).

2. Será igualmente necessário voltar-se para o saber para superar um segundo obstáculo constituído, paradoxalmente, pela pobreza atual dos saberes necessários, pois, como havia observado Linda Allal, a EVF implica necessariamente trabalho de interpretação das informações coletadas. Ora, tal interpretação exige "em princípio" poder "referir-se a um quadro teórico que dê conta dos múltiplos aspectos (cognitivo, afetivo, social) das aprendizagens" (Allal, 1979, p. 156). Essa teoria estava "longe de ser construída" em 1979 (p. 157). O que acontece hoje? Sem dúvida, houve progressos, incapazes de oferecer, no entanto, o quadro de interpretação totalmente adequado. Os progressos no sentido da EVF estão atrelados àqueles da pesquisa didática e psicológica, sabendo, como observou Daniel Bain em 1988, que um duplo domínio está envolvido, pois trata-se não somente de adquirir uma melhor compreensão do "funcionamento do aluno", mas também do funcionamento "do objeto a ensinar" (Bain, em Thurler, 1988, p. 21). Não dispondo de "modelos operacionais" nesses dois domínios, o professor ficará reduzido a contentar-se com quadros conceituais apenas parcialmente adequados, o que fragiliza e torna incerta a atividade de interpretação.

Portanto, não depende dos professores, mas dos pesquisadores, que esse obstáculo seja superado ou não. Todavia, se, para ajudar o aluno a determinar, analisar e compreender seus erros, é necessário basear-se em modelos teóricos que esclareçam o funcionamento cognitivo, essa necessidade não deve tornar-se paralisante e transformar-se em álibi para o imobilismo. O saber é aqui particularmente útil, mas, de um lado, como observava Linda Allal, os quadros conceituais existentes já permitem orientar de forma útil a ação pedagógica. E, de outro, a vontade de ser útil, mais uma vez, é, sem dúvida, o que mais importa. Ninguém é impedido de utilizar da melhor maneira, e do modo mais inteligente, toda a riqueza de sua experiência e de seus saberes, seja qual for sua importância. Se o professor não assumir o risco de fabricar instrumentos e inventar situações, desde que tenha a preocupação constante de compreender para acompanhar um desenvolvimento, como o aluno poderia realmente, em sua companhia, assumir o risco de aprender? Examinaremos, na segunda parte, alguns instrumentos possíveis para instrumentalizar esse esforço de interpretação.

3. O terceiro obstáculo, após a força das representações inibidoras e a pobreza dos conhecimentos que podem fundamentar a interpretação é... a preguiça, ou o medo, dos professores, que não ousam imaginar remediações. Com efeito, a EVF caracteriza-se, como bem sabemos, pelo fato de que leva à terceira etapa, descrita por Linda Allal, de adaptação das atividades de ensino e de aprendizagem em função da interpretação que terá sido feita das informações coletadas. Aqui duas observações podem ser feitas. Primeiramente, essa terceira etapa do processo de avaliação também poderia ser vista, simplesmente, como o primeiro momento de uma nova seqüência didática, certamente esclarecido pela avaliação que precede, mas autônomo no sentido de que, se o diagnóstico orienta a busca de uma remediação, esta sempre deve ser inventada. Ela depende da capacidade do professor para imaginar, e pôr em execução, remediações. Assim, e é nossa segunda observação, não há relação de causalidade linear e mecânica entre o diagnóstico e a remediação. De modo que o que falta freqüentemente é ou a vontade de remediar (porque, por exemplo, não se acredita mais nas possibilidades de melhora do aluno), ou a capacidade de imaginar outros trabalhos, outros exercícios. As pesquisas de Marc Bru (1991, p. 117) mostraram a esse respeito que "o campo da ação didática tal como visto por cada professor possui uma extensão e características próprias a esse professor". A exigüidade do campo da variabilidade concebido pelo professor obstaculiza a invenção de remediações apropriadas. O professor corre o risco de se autolimitar.

Por isso, deve-se compreender bem que utilidade pode-se esperar, quando trata-se de avaliação, da posse de saberes apropriados. O saber referente ao ato de avaliação é suscetível de contribuir para afastar representações inadequadas. Portanto, vamos logicamente nos consagrar a estabelecer esse saber nesta primeira parte. É verdade que, de um lado, o saber referente aos conteúdos de aprendizagem e as disciplinas envolvidas e, de outro, o funcionamento cognitivo dos aprendizes, é particularmente útil para transformar as constatações em diagnósticos e fundamentar uma interpretação dos dados coletados. Mas não vamos nos prender a esses saberes. Este seria o objeto de uma outra obra, ela própria dupla (didática da disciplina, psicologia cognitiva das aprendizagens). Entretanto, enfim, nem o primeiro nem o segundo saberes podem ditar ao pedagogo as modalidades de sua ação remediadora, entregando-lhe *pronta* uma bateria de atividades, de situações e de exercícios infalivelmente eficazes. Por essa razão, na segunda parte, poderemos oferecer apenas pistas de trabalho para que cada um possa construir suas próprias modalidades de EVF. Na melhor das hipóteses, os dados propostos serão úteis para permitir aos professores que racionalizem suas práticas avaliativas no sentido de uma avaliação mais a serviço das aprendizagens.

Concluindo, o que aprendemos durante essa primeira investigação? Que a avaliação formativa não é nem um modelo científico, nem um modelo de ação diretamente operatório. Não é mais do que uma utopia promissora, capaz de orientar o trabalho dos professores no sentido de uma prática avaliativa colocada, tanto quanto possível, a serviço das aprendizagens. Mas essa utopia é legítima na medida em que visa correlacionar atividade avaliativa e atividade pedagógica; essa legitimidade só vale, em função disso, no espaço das atividades com vocação educativa. Essa dimensão utópica possibilita compreender a impossibilidade de apresentar e de realizar o que corresponderia a um modelo acabado de avaliação formativa. Ela sempre será parcialmente sonhada. Mas isso não impossibilita trabalhar para progredir nessa direção, bem ao contrário. Pois, se três condições (pelo menos!) devem ser preenchidas para uma feliz evolução das práticas rumo a esse modelo, somente a segunda não depende diretamente dos avaliadores. Eles podem progredir no conhecimento do que é a avaliação e no desenvolvimento de sua variabilidade didática por meio da busca de pistas para uma remediação oportuna. Resta-nos então propor alguns elementos essenciais para a primeira tarefa e alguns materiais úteis para a segunda.

Compreender que avaliar não é medir, mas confrontar em um processo de negociação

(Balanço dos saberes produzidos pela pesquisa)

A AVALIAÇÃO NÃO É UMA MEDIDA. A PROVA PELA NOTAÇÃO

Do caráter aleatório na notação

O que é uma medida? Segundo J.-P. Guilford, citado por Gilbert De Landsheere (1976, p. 70), medir significa atribuir um número a um acontecimento ou a um objeto, de acordo com uma regra logicamente aceitável. Isso implica que o objeto, ou o acontecimento, possa ser apreendido sob uma única dimensão, isolável, capaz de receber uma escala numérica (Bonniol, 1976). A medida é assim uma operação de descrição quantitativa da realidade. Mas a avaliação, pelo menos em sua forma dominante de prática de notação, não equivale precisamente a atribuir números a coisas? Aí está a origem da ilusão: aparentemente, há identidade formal entre as operações de medida e de notação. E a idéia de que a avaliação é uma medida dos desempenhos dos alunos está, como já vimos, solidamente enraizada na mente dos professores... e, freqüentemente, na dos alunos. Mas observemos as coisas mais de perto. Uma medida é objetiva no sentido de que, uma vez definida a unidade, deve-se ter sempre a mesma medida do mesmo fenômeno. Certamente, um erro é sempre possível, devido às imperfeições da instrumentação, pois ele resulta então das condições de operacionalização dos instrumentos. Ele provém da própria operação de medida. Por essa razão, pode-se calculá-lo e, portanto, neutralizá-lo. O que acontece no domínio das notações? Vejamos o caso de um objeto a "medir": um trabalho de aluno. Onde está o instrumento? Só pode ser a pessoa do corretor. Ora, é claro que esse instrumento não é confiável. Buscando várias medidas de um mesmo trabalho, verificou-se que, com freqüência, as notas divergiam muito amplamente. Os primeiros trabalhos de docimologia forneceram exemplos abundantes disso. No sentido etimológico, a docimologia é a ciência (*logos*) dos exames, ou da medida por exame (*dokimê*). Isso foi, portanto, percebido pela docimologia, de saída, como um ato de medida. Mas os trabalhos empreendidos pela docimologia iam justamente demonstrar que a idéia de partida, segundo a qual o exame é uma medida, revela-se no mínimo muito discutível. Como lembra Maurice Reuchlin (1971, p. 213), "os resultados obtidos no domínio da crítica experimental dos procedimentos de avaliação são totalmente convergentes e foram muitas vezes verificados" desde as primeiras pesquisas relatadas por Henri Piéron (1963).

Assim, deu-se atenção às notas atribuídas no exame do *baccalauréat*.* Uma comparação das médias de notas atribuídas em 1955, em uma mesma matéria, por 17 bancas de um lado (habilitação em filosofia) e 13 de outro (habilitação em ciências matemáticas) revela "largas diferenças" (Reuchlin, 1971). Essas médias flutuam, por exemplo, de 5,81 a 9,06 na prova escrita de matemática, e de 8,30 a 13 na prova oral de física. Conseqüência: as porcentagens de candidatos aprovados são muito diferentes de uma banca à outra. Em ciências matemáticas, essas porcentagens variavam, naquele ano, de 31 a 53%!

Esses resultados são antigos. O que ocorre 40 anos mais tarde? A consideração de uma série de dados, no âmbito de uma pesquisa sobre a questão da pertinência da especialização professoral (enquanto produtora de julgamentos professorais) leva Pierre Merle (1996, p. 217) a concluir que a incerteza do julgamento professoral relativa, assim, à avaliação do conjunto das provas do *baccalauréat*, concerne a mais de um terço dos candidatos, o que corresponde mais ou menos à porcentagem de alunos que faz os exames orais de recuperação nessa prova final. Em outras palavras, para 30% dos candidatos, a aprovação depende do acaso da distribuição das bancas. O problema foi abordado de frente pelo reitor da Academia de Lille em 1984. O índice de aprovação no *baccalauréat* em sua academia** era, com efeito, inferior à média nacional. Isso significava que os alunos eram efetivamente menos bons, ou que os corretores eram mais severos em Lille do que no resto da França? Essa segunda hipótese choca, de uma certa maneira, o senso comum: como imaginar que as divergências professorais sobre o valor dos alunos caminham na mesma direção? Elas não deveriam se anular? Pode-se conceber um "comportamento coletivo que tome a forma de uma severidade ou de uma indulgência comum a cada corretor?" (Merle, 1996, p. 218).

---

* N. de T. O *baccalauréat* é um exame realizado em nível nacional e que sanciona os estudos secundários, composto por provas orais e escritas feitas em duas etapas: ao final do penúltimo e do último ano do secundário.
** N. de T. A Academia é uma circunscrição administrativa do ensino na França; contam-se 25 na França metropolitana.

Essa hipótese questiona a competência avaliativa individual dos professores e, ao mesmo tempo, a eqüidade do exame em nível nacional.

Como a questão foi levantada por um reitor, decidiu-se todavia testá-la, principalmente no que diz respeito à prova de ciências econômicas e sociais do *baccalauréat B*, submetendo ao julgamento de corretores de outras academias trabalhos de ciências econômicas e sociais corrigidos pela primeira vez em Lille. Dentre os trabalhos de seis bancas representativas da academia de Lille, sortearam-se 120 trabalhos, para submetê-los a quatro bancas de Lille, de Nancy e de Poitiers, segundo modalidades que permitiriam um estudo comparativo. As duas bancas compostas apenas por examinadores de Lille dão uma média sensivelmente idêntica (7,74 para um, 7,80 para o outro). Pode-se então falar efetivamente de uma "norma acadêmica implícita". Os corretores de Nancy chegam a uma média de 8,81, os de Poitiers, 9,05. Então, são bem mais severos em Lille. A variação máxima (9,05 – 7,74) é de 1,31 pontos, o que leva a 5,24 pontos, considerando o coeficiente da prova (4). É suficiente para não ser "passado" após o primeiro grupo de provas. Para candidatos de mesma competência, a probabilidade de aprovação no *baccalauréat* é maior em Poitiers do que em Lille. Chega-se à mesma conclusão de 1955: se as dissertações de ciências econômicas e sociais dos candidatos de Lille tivessem sido corrigidas em Poitiers, "a porcentagem de aprovados definitivos depois das provas escritas teria passado de 46,21 a 51,26%" (Merle, 1996, p. 221), ou seja, a probabilidade de aprovação dos candidatos varia de acordo com as regiões.

Um outro fato pode dar uma idéia da dimensão aleatória da aprovação introduzida pela existência de normas implícitas nas bancas, agora no caso dos concursos de recrutamento de professores.

Em 1989, a banca do CAPES[*] de ciências matemáticas admitia 1.111 candidatos para 1.343 postos, provendo assim 82,7% das vagas oferecidas. Em letras modernas, a banca admitia 708 candidatos para 1.060 postos, provendo assim 66,7% das vagas. E, em espanhol, 245 candidatos foram aprovados para 488 postos oferecidos, o que corresponde a 50,2% das vagas. Segundo o ministro da época, a banca de espanhol foi "excessivamente selecionista" (*Le Monde*, 6 de setembro de 1989). Trata-se certamente de disciplinas diferentes. O nível dos candidatos pode, por outro lado, flutuar "objetivamente" de aluno para aluno. Mas existe "objetivamente" uma diferença de nível e de competência entre os

---

[*] N. de T. O CAPES é um exame que expede o Certificado de Aptidão à Docência do Ensino Secundário.

candidatos de espanhol e de ciências matemáticas de modo que se preencha 50,2% das vagas em um caso e 82,7% no outro? O ministro não será sem dúvida o único a falar, no caso do espanhol, de uma banca severa demais...

O que vale para as bancas vale, *a fortiori*, para os examinadores. Quando se comparam as notas distribuídas por corretores diferentes, constata-se primeiramente que o espaço de dispersão é diferente (alguns notam de 1 a 19, outros de 6 a 13, por exemplo*) e que as médias, assim como para as bancas, também são diferentes. Pode-se distinguir desse ponto de vista examinadores severos (média baixa) e indulgentes (média mais elevada).

No *baccalauréat* de 1996, uma examinadora de inglês foi destituída e substituída durante o exame devido à "notação severa demais". A média das primeiras notas que havia atribuído na prova oral de inglês a alunos de série tecnológica era 8, com notas de 1 a 13 sobre 20 (*Le Monde*, 7-8 de julho de 1996). E não bastará, para corrigir isso (pois foi preciso se decidir a corrigir as divergências dos corretores!), ajustar as distribuições de notas buscando, por exemplo, as notas dos candidatos julgados por examinadores ou bancas muito severos, de maneira a alcançar uma harmonização das médias, visto que isso não corrige as diferenças nas classificações operadas pelos diferentes corretores. Na experiência lembrada por Pierre Merle, "o desacordo entre os corretores sobre o 'valor' do trabalho é, em quase um trabalho entre dois, igual ou superior a três pontos" (1996, p. 222). Seria então necessário não somente harmonizar as médias das bancas, mas também aquelas de todos os corretores de cada disciplina. E isso não seria absolutamente uma garantia de maior eqüidade, já que o obstáculo mais sério permanece: o da medida "objetiva", por um corretor, do valor de cada trabalho.

As pesquisas sobre os resultados obtidos no *baccalauréat* mostram, pois, que a aprovação deve-se, em parte, ao acaso da atribuição a uma banca. Desse primeiro ponto de vista, o exame não é uma ciência exata. Mas isso revela, como mostra o último exemplo já apresentado, que o que se poderia chamar de "exame" individual, de um trabalho-produto, por um examinador que quisesse (quem poderia duvidar disso?) ser o instrumento de uma justa medida, não é confiável. Efetivamente, as variações de notas, para um mesmo produto, de um examinador a outro, vão bem além do que seria apenas uma incerteza normal devido às condições "locais" da tomada de medida. Todas as experiências de multicorreção – e elas foram numerosas – demonstram isso abundantemente. Nós mesmos (Hadji,

---

*N. de T. No sistema educacional francês, as notas são calculadas sobre 20 pontos.

1989) citamos inúmeros exemplos. Ver também os trabalhos de Piéron (1963), de De Landsheere (1976), Noizet e Caverni (1978). Contentemo-nos com dois exemplos, mais recentes.

Primeiro exemplo: o mesmo trabalho de ciências econômicas e sociais, n° 19064, recebe 15/20 em Lille e 5/20 em Nancy. Estima-se em Lille que ele fez "uma utilização bastante boa dos documentos difíceis" e, em Nancy, que "os documentos são mal explorados" (Merle, 1996, p. 222-223). Inversamente, um mesmo trabalho pode receber 8/20 em Lille e 16/20 em Nancy.

Segundo exemplo: nas provas de 1994 do *baccalauréat*, uma jovem, aluna do último ano do secundário, da escola Henri V em Paris, tira na prova escrita de filosofia a nota 1 sobre 20. Ora, naquele ano, ela fora premiada no concurso geral de filosofia (séries B, C, D, E) tirando... o segundo prêmio! O jornalista que relatou esse fato conclui: "A roda da loteria... continua girando" (*Le Monde*, 10-11 de julho de 1994).

Quer sejam disciplinas literárias (o que, para o senso comum, poderá parecer menos surpreendente) ou científicas (o que parecerá mais chocante aos mesmos!), os resultados das experimentações vão sempre na mesma direção. O que concluir disso, senão que:

a) se é realmente uma operação de medida, o instrumento de medida carece totalmente de confiabilidade. Será então muito difícil, até mesmo impossível, reverter a situação;
b) trata-se provavelmente de algo bem diferente que de uma operação de medida.

A impossível reforma do instrumento-avaliador

Foi buscando, no eixo da primeira hipótese, tornar o instrumento (isto é, não esqueçamos, o corretor no caso da notação) mais confiável, que se compreendeu como a segunda hipótese era pertinente. Com efeito, para melhorar o instrumento, é preciso corrigir seus defeitos. Quais são eles?

– A primeira resposta resume-se a uma palavra: a subjetividade do corretor. Pode-se pensar aqui em suas mudanças de humor, em suas preferências imediatas, em suas "paixões" (no oral), em suas liberalidades mais ou menos repreensíveis (*Le Monde*, 5 de julho de 1990: um professor acusado de ter "dado uma nota mais alta" a um aluno, cujo estilo e caligrafia reconheceu em um dos trabalhos do exame de técnico superior), mas também em suas dúvidas, em seus momentos de cansaço, de "melancolia". Querer neutralizar tudo isso constitui certamente um vasto programa...

– Acreditar (ou esperar) em uma possível neutralização desse fator evidente de erro só tem sentido quando se acredita na objetividade de algum modo natural do julgamento professoral que se expressa durante a operação de avaliação. Deplora-se ainda mais as derivas da subjetividade quando vêm perturbar e perverter o jogo de um julgamento professoral que, liberado desse fator de perturbação, deveria poder desenrolar-se de modo satisfatório. Pelo menos quando se aposta na "certeza avaliativa" (Merle, 1996, p. 214), isto é, quando se acredita que o corretor, em sua essência de examinador puro, liberto do que corrompe essa essência, é uma máquina de medir objetivamente os trabalhos. Que peso tem essa convicção, essa crença na existência de uma especialização professoral (dissemos "natural", mas que poderia ser construída por uma formação profissional) tal que o professor-notador-especialista poderia quase infalivelmente (com a condição de dar provas de senso moral e de não se deixar perturbar por nada de fora: volta-te para ti mesmo, examinador...) dizer a verdadeira nota de cada trabalho?

Acabamos de ver que "a especialização professoral é um julgamento em parte aleatório" (Merle, 1996, p. 217). Os trabalhos de Pierre Merle mostraram que esse julgamento é sempre infiltrado por elementos provenientes do contexto escolar e social, desde a carga afetiva e a dimensão emocional devido à presença efetiva dos alunos (em aula, ou na prova oral), até as representações dos alunos (o modelo do bom aluno) ou do sistema escolar durante a correção de um trabalho anônimo, ou de um conselho de classe. O julgamento professoral ignora, em geral, que baseia-se em parte em uma representação construída do aluno e em convicções íntimas que nada têm de científicas! As práticas avaliativas dos professores são orientadas por "uma história escolar e social singular" (p. 208). E conforme as ponderações sociais, as estratégias de precaução, o jogo duplo do professor (treinador-guia e árbitro-selecionador), a manutenção da disciplina no dia-a-dia, a avaliação torna-se o "produto de interações múltiplas" (p. 143), que expressa e traduz contradições. O julgamento professoral inscreve-se, pois, em "uma construção social em movimento" (p.233) do duplo ponto de vista da história do professor e daquela da classe e depende muito do contexto escolar e social. Ele implica sempre uma parcela de interpretação, socialmente condicionada. Assim, fortemente dependente do contexto social, está sempre às voltas com "vieses sociais".

O que pensar de um instrumento de medida sensível ao contexto social da medida? Fica claro que é inútil insistir em tornar a avaliação tão objetiva quanto uma medida. É por essa razão que todos os procedimentos de redução de divergências das notas revelam-se pouco eficazes em alcançar seu objetivo. A maior parte deles não passa de procedimentos de moderação estatística, que conseguem apenas atenuar os efeitos mais visíveis da incerteza da correção, sem combater a própria incerteza. Tratam-se os sintomas sem atacar o mal, quando se ajustam *a posteriori* médias pela modificação de um conjunto de notas próprias aos diferentes corretores por referência a uma variação padrão. Neste duplo caso, fica-se, de algum modo, na superfície das coisas. Os procedimentos *a priori* (acordo entre corretores, construção e/ou utilização de uma tabela comum) também não são muito mais eficazes, o que é particularmente decepcionante, quando se trata da operacionalização de uma tabela, da qual se podia esperar muito. Mas a maioria das pesquisas mostra que isso não muda fundamentalmente as coisas. Alguns estudos até mesmo revelaram que em ciências matemáticas, por exemplo, é sem tabela imposta que as variações de notação são menores! O que compreender? Pierre Merle, que confirma a constatação ("a utilização de uma tabela de notação por ponto, até por meio ponto, não constitui uma garantia de precisão da correção", 1996, p. 225), analisa o mecanismo produtor desse fenômeno tão decepcionante. Se as variações de notação podem ser muito limitadas sobre questões que valem três pontos, uma grande incerteza pode, paradoxalmente, afetar a notação de uma questão que vale um único ponto. O que, no total, produzirá variações consideráveis. Em seguida, a tabela é sempre objeto de interpretação e de aprendizagem. Em terceiro lugar, as imposições que pesam sobre a correção, particularmente o tempo, levam os professores a tomar liberdades acerca da tabela. Enfim, o refinamento da tabela não aumentará a precisão da notação a não ser que haja consenso entre os corretores sobre o que é exatamente esperado do aluno. (p. 226 e 248). É a incerteza sobre o objeto da medida que é a causa essencial das distorções persistentes. A tabela continua ainda na superfície das coisas. Para progredir realmente, será necessário questionar a natureza exata da relação avaliador/avaliado. Não se pode mais considerá-la como aquela de um instrumento de medida com um objeto medido. O instrumento é demasiado incerto, e o objeto, demasiado vago.

Com efeito, o que se quer "medir" exatamente? O trabalho? Mas o que há a "medir" no trabalho, objeto multidimensional? Se o corretor não pode ser repreendido e corrigido, isso talvez ocorra também e sobretudo porque o objeto sobre o qual se debruça e que gostaria de apreender não é realmente apreensível. O caráter vago que cerca esse objeto chamou a atenção da maioria dos observadores. Que o leitor se interrogue sobre o que se "mede", exatamente, por meio de um exercício de matemática, ou de uma redação. Um saber? Um *savoir-faire*? Uma aptidão? Uma competência? Uma capacidade? Efetivamente, o trabalho não é o verdadeiro objeto da avaliação. Ele é apenas um pretexto, uma ocasião, para apreender algo que é próprio ao aluno-produtor, e que se espera ter construído e/ou desenvolvido nas seqüências de ensino que precederam. Designar esse "algo" não é evidente. No entanto, será preciso, se quisermos tornar a avaliação menos incerta, tentar fazê-lo. Vê-se que a melhoria passará aqui por uma melhor preparação da prova... por parte do professor. Será necessário fazer o esforço de designar o objeto, de modo a poder, como escreve Pierre Merle (1996, p. 251), "construir normas de competências dos candidatos que não sejam intrinsecamente objeto de dúvida quanto à sua significação avaliativa".

Assim, a progressão para a objetividade depende, primeiramente, de uma especificação do objeto da avaliação, de maneira a relacionar coerentemente o objeto avaliado e o exercício de avaliação. Para isso, será preciso construir, no ato de avaliação, o objeto de avaliação. Tentaremos mostrar como fazê-lo, na segunda parte. Registremos aqui o fato de que hoje se sabe que a avaliação não é uma medida pelo simples fato de que o avaliador não é um instrumento, e porque o que é avaliado não é um objeto no sentido imediato do termo. Todos os professores-avaliadores deveriam, portanto, ter compreendido definitivamente que a noção de "nota verdadeira" quase não tem sentido. Henri Piéron forneceu dados sobre isso: se pudéssemos considerar a avaliação como uma medida, a fim de neutralizar os erros de cálculo, cada trabalho de matemática deveria ser corrigido por 13 corretores, e cada dissertação de filosofia, por 127 pessoas! (Piéron, 1963, p. 23). Jean-Jacques Bonniol (1976) retomou e corrigiu esses cálculos: seriam necessários 78 corretores em matemática e 762 em filosofia. Demonstração pelo absurdo: é ridículo e vão-se desgastar para melhorar a objetividade da notação aumentando, até a obsessão, o número dos corretores. A multicorreção não é o caminho correto. Um tratamento apenas quantitativo em nada muda o fundo do problema. Deve-se requisitonar a natureza e o sentido da atividade de avaliação. Ela não é uma medida. Mas, então, em que consiste?

A avaliação é um ato que se inscreve em um processo geral de comunicação/negociação

Poder-se-ia dizer que a avaliação está para a medida assim como o *Canada Dry* está para o álcool, referindo-se à publicidade dessa bebida.* A nota cifrada tem a aparência de um resultado de medida. Ela se apresenta sob a mesma forma (quantitativa). Tem seu odor, sua cor. Todavia, o avaliador não é um instrumento de medida, mas o ator de uma comunicação social. A avaliação é primeiramente "problema de comunicação" (Weiss, 1991). Hoje em dia, sabe-se qual a "incidência das situações e dos contextos sociais sobre a avaliação". Compreendeu-se que a avaliação é "uma interação, uma troca, uma negociação entre um avaliador e um

---

* N. de T. Bebida sem álcool, vendida na França.

avaliado, sobre um objeto particular e em um ambiente social dado" (Weiss, 1991, p. 6). Jean Cardinet fala, a esse respeito, no âmbito de uma "abordagem sociocognitiva", de um "modelo qualitativo", que se oporia ao "modelo da medida", característico da "abordagem psicométrica" (Cardinet em Weiss, 1991, p. 199-200). Mas "qualitativo" não-significa que esse modelo resulte de uma análise não científica da realidade. Bem ao contrário; ele se encontra na confluência de análises provenientes da psicologia cognitiva, da psicologia social e da teoria dos sistemas, que chegam a uma "extraordinária convergência de visão" (p. 208) no que tange à descrição do processo avaliativo e, a partir daí, à identificação das condições de possibilidade de uma avaliação formativa. O tema dominante de todos os pesquisadores é que a avaliação é socialmente condicionada, o que pode ser visto quando se corta o cordão umbilical que liga os dois principais atores do processo (apenas para as necessidades da análise pois, como mostrará Yves Chevallard, deve-se necessariamente levar em conta os dois comportamentos ao mesmo tempo, o do professor e o do aluno, e manter juntas as duas pontas da cadeia), tanto no âmbito do aluno quanto naquele do professor-avaliador.

Para o aluno, o desempenho depende do contexto

Analisando os trabalhos de pesquisadores dos campos científicos anteriormente mencionados, Jean Cardinet ressalta que, contrariamente ao que postula a psicometria, o desempenho no exame não é um fato bruto, um dado imediato, que forneceria o valor escolar do aluno. Se é assim impossível atribuir um valor, ou um nível, a um aluno da mesma maneira que se atribui um número a um objeto, é porque o desempenho concreto é, em grande parte, resultado da interação com o professor (em situação de aula), com o examinador (em situação de prova cumulativa), ou, de uma maneira mais geral, com uma situação social que exige que se mostre as capacidades no exame, de acordo com uma fórmula que certos candidatos no *baccalauréat* conhecem bem. O desempenho é, portanto, tanto função das circunstâncias quanto do próprio aluno (de seu valor escolar).

Jean Cardinet propõe que se considere que o desempenho observado é uma função com muitas variáveis (Cardinet em Weis 1991, p. 210). Sem dúvida, mas em uma proporção difícil de avaliar, função desse valor escolar "objetivo". Mas igualmente função da história das interações do aluno com o professor, e até mesmo, em última hipótese, de toda a história escolar do indivíduo (o mesmo para o professor!); e função da formulação do problema que lhe é proposto no exame.

De fato, segundo uma interrogação feita por Jean-François Perret e Martine Wirthner, "Por que o aluno pensaria que uma questão pode esconder uma outra?"

(em Weiss, 1991, p. 137). As práticas avaliativas apresentam-se fundamentalmente como trocas de questões e de respostas, no decorrer das quais se instaura um certo número de mal-entendidos sobre, no que diz respeito ao aluno, o sentido das questões e sobre o que o professor espera. Para o aluno, pode ser difícil distinguir os momentos de aprendizagem e os momentos de avaliação. Dessa forma, o erro é permitido no primeiro caso. Sancionado no segundo.

Além das ambigüidades inerentes à apresentação dos problemas e à formulação das questões (o que torna necessário um grande esforço de explicitação e de simplificação por parte dos professores-avaliadores), a criança freqüentemente se equivoca sobre a própria intenção do adulto. Ele quer que se faça cuidadosamente um desenho geométrico ou que se contente em raciocinar? Ele quer respostas: mas por que então não as deu inicialmente? Quer que se extraia de um texto, como idéia principal, a idéia mais manifestamente presente, a mais original, ou a mais rica em informações? O aluno deve então adivinhar o que o professor espera e decodificar suas expectativas implícitas, o que exige *"savoir-faire* sociais" (Cardinet em Weiss, 1991 p. 203). Assim, "a criança, ator inconsciente de um roteiro que não conhece, esforça-se para dar sentido à situação, baseando-se em suas experiências anteriores. Para ela, ser interrogado é bem mais do que resolver um problema. É ser confrontado com uma situação social que deve ser bem compreendida primeiramente" (p. 203).

Os processos psicossociais complexos postos em jogo pela avaliação dependem não somente dos conteúdos em jogo, mas também das condições sociais da própria prova de avaliação. Por essa razão, com o mesmo "equipamento intelectual", (p. 205), um aluno poderá produzir outros desempenhos se o contexto social for diferente. Jean-Marc Monteil mostrou muito bem, nesse sentido, qual o peso, sobre o desempenho, das inserções sociais e das atribuições de valor. Os alunos têm comportamentos diferentes em situação de anonimato ou de visibilidade; e seus desempenhos também mudam se estiverem em situação de comparação social (quando a existência de diferentes níveis é publicamente proclamada) ou não (quando declara-se aos indivíduos que todos têm o mesmo nível).

> Na condição com comparação social, os bons alunos dão-se melhor em situação de visibilidade do que de anonimato: nesse caso, eles se "superam". Quanto aos maus alunos, é o inverso, como se, em situação de visibilidade, eles fracassassem conforme o hábito "social"; ao passo que em situação de anonimato, ainda que saiba-se publicamente que são maus alunos, são capazes de ter êxito, o que revela a existência das competências necessárias ao êxito, ainda que normalmente fracassem!

Na condição sem comparação social, de fato, seja qual for a situação (anonimato, visibilidade), os bons alunos têm êxito e os maus, desempenhos fracos.

A esses "resultados perturbadores" (Monteil, 1989, p. 180), pelo menos no que diz respeito à condição de comparação, acrescentam-se outros.

Bons alunos podem obter, na mesma prova, resultados diferentes conforme aprovados ou reprovados, publicamente, mas ao acaso, em uma prova anterior. Pode-se então "fabricar" êxito ou fracasso e produzir, a partir disso, resultados tão "perturbadores". Os alunos a quem se disse terem sido reprovados têm êxito em situação de anonimato, mas fracassam em situação de visibilidade: ao passo que aqueles a quem se disse terem sido aprovados... fracassam em situação de anonimato (e, no entanto, são bons alunos!), mas têm êxito em situação de visibilidade.

O que concluir disso? Em situação de visibilidade social, os desempenhos estão de acordo com as atribuições sociais: o sujeito inscreve então sua conduta "no sistema de expectativas engendradas pela escola" (Cardinet em Weiss, 1991, p. 182). Em situação de anonimato, eles vão no sentido oposto às sanções atribuídas, como se o anonimato "corrigisse" o que havia sido socialmente fabricado. A conclusão que J.-M. Monteil tira disso é clara: "os desempenhos cognitivos do sujeito não são [...] independentes das condições sociais nas quais eles são realizados" (p. 183). De um lado, as atribuições sociais de valor – que correspondem a um fenômeno de categorização – determinam, em parte, o êxito ou o fracasso. De outro, as situações de visibilidade social acentuam o peso dos fatores sociais. Assim, são evidenciados dois fatos fundamentais. A importância, para o aluno, do contexto social da avaliação, mas também o impacto desta sobre o futuro do aluno. Se podemos gerar fracasso escolar por construção experimental assim tão facilmente, compreende-se qual a "importância considerável das categorizações iniciais e o impacto dos lugares e posições sociais atribuídos a um sujeito sobre seus comportamentos posteriores" (p. 192). Vamos ver que análises de Noizet e de J.-P. Caverni colocaram paralelamente em evidência a importância desse impacto sobre os avaliadores. Como um fenômeno reforça o outro, é muito fácil, pelo jogo das primeiras avaliações, treinar o aluno em uma espiral de fracasso... ou de êxito! Para pôr as avaliações a serviço das aprendizagens, uma regra essencial seria, portanto, jamais se pronunciar levianamente e contar até 10 antes de fazer um julgamento... sobretudo se for negativo!

Portanto, como lembra Jean Cardinet, se o desempenho observado pelo avaliador jamais constitui "uma base quase científica para fazer um julgamento sobre as capacidades das pessoas" (Cardinet, em Weiss, 1991, p. 205), isso acontece, entre outras razões, porque o aluno deve interpretar a situação de avaliação para imaginar a intenção provável daquele que o interroga. Seu desempenho depende "estritamente" dessa interpretação (p. 204). Como essa interpretação exige *savoir-faire* sociais, um mau desempenho pode ser devido, não a uma falta de competência cognitiva ou de aptidão, mas a uma falta de *savoir-faire* social. O que confirma o caráter particularmente vago, já salientado, do objeto de avaliação. Quando se pensava apreender uma competência pessoal (competência que, além disso, seria quase natural aos olhos de certos professores), apreende-se freqüentemente um construto social, cujas manifestações flutuam conforme o contexto social!

A percepção que o examinador tem do desempenho é igualmente dependente do contexto social

O efeito de categorização, de rotulação social, que vale para o aluno, também vale para o examinador. Isso foi muito bem evidenciado por notáveis pesquisas experimentais feitas por Noizet e Caverni. Partindo da constatação da imprecisão da notação tradicional, pesquisaram causas de divergência no que tange à psicologia dos avaliadores escolares, evidenciando o jogo de variáveis de situação. Para eles, as divergências se deveriam menos à subjetividade propriamente dita dos avaliadores (a qual, como já vimos, foi o primeiro inimigo da docimologia) do que às "condições" particulares nas quais eles trabalham. Interessaram-se portanto pelos processos cognitivos especificamente postos em andamento pelo avaliador e capazes de sofrer o jogo de determinantes ou de mecanismos próprios à situação de ter de avaliar – determinantes e mecanismos independentes do avaliador. Mostraram assim efeitos de ordem ou de contraste devido à seqüência dos trabalhos. Como uma infelicidade nunca vem desacompanhada, com efeito, os trabalhos em geral chegam aos corretores em pacotes inteiros... A ordem das correções revela-se importante: os primeiros trabalhos corrigidos são (salvo o primeiro) superavaliados, e aqueles corrigidos por último, subavaliados (efeito de ordem). Um mesmo trabalho é superavaliado ou subavaliado conforme segue imediatamente um trabalho muito ruim ou muito bom (Noizet e Caverni, 1978, p. 23). Poder-se-ia dizer que a existência de lotes acarreta efeitos de loteria.

Porém, o mais importante não está aí. Reside na revelação de efeitos de assimilação, fazendo com que variem as informações dadas a dois grupos de corretores equivalentes corrigindo o mesmo trabalho, constata-se:

– que o conhecimento das notas anteriormente obtidas pelo produtor do trabalho influencia a avaliação deste. Há assimilação de um desempenho aos desempenhos anteriores (Noizet e Caverni, 1978, p. 80);

– que, do mesmo modo, o conhecimento do estatuto escolar do aluno (nível forte, ou o melhor possível, fraco) influencia a correção. Os avaliadores têm tendência a assimilar a produção ao nível presumido de seu autor (p. 87);

– que a posse de informações referentes à origem socioeconômica do produtor do trabalho também influencia a correção, ainda que essa informação se reduza à origem de determinada escola. O mesmo trabalho recebe uma nota melhor quando é atribuído a um aluno de uma escola de excelência, recebendo uma nota mais baixa quando atribuído a um aluno de uma escola de periferia. Neste último caso, o corretor dá a nota em parte em função da idéia que tem do valor escolar do aluno, em razão de sua origem social, imaginada através da freqüência a esta ou aquela escola!

Portanto, a avaliação é sempre influenciada pela consideração de informações *a priori*. Noizet e Caverni justificam esse fenômeno (sobre o qual o mínimo que se pode dizer, mais uma vez, é que é "perturbador"...) recorrendo à teoria da dissonância cognitiva. Há dissonância quando coexistem dois elementos cognitivos opostos (um acarretando o inverso do outro). Esse estado é penoso, e o sujeito que o conhece se esforçará conseqüentemente para restaurar a consonância. Quando há então conflito entre o que o corretor percebe "objetivamente" no trabalho e o que ficou sabendo do produtor, esse conflito deverá ser resolvido pelo triunfo de uma das duas fontes de informação (a percepção atual, ou então a informação socialmente atestada). Os efeitos de assimilação marcam a vitória (parcial) da informação socialmente atestada. O que revela muito sobre a força dos determinantes sociais. Mais uma vez, aparece a pregnância do que já foi socialmente julgado.

A avaliação escolar traduz arranjos em uma dinâmica de negociação

Será possível, porém, desfazer-se dessa influência social? Certamente, o conhecimento desse fenômeno pode constituir, para o corretor, um primeiro fator de liberação. Por esse motivo, era necessário lembrar aqui esses fatos. Todavia, as pesquisas mais recentes de Pierre Merle mostram que o julgamento professoral de avaliação, complexo e socialmente oblíquo, "não pode ser realizado fora de categorizações professorais e de contextos sociais particulares necessitando a operacionalização de arranjos avaliativos específicos" (Merle, 1996, p. 102). Esses arranjos são o resultado de uma negociação, implícita ou explícita, entre um professor que quer manter sua turma, e alunos que querem alcançar seu objetivo, que é o de passar para o ano seguinte. Por outro lado, eles são o fruto de um confronto com os julgamentos, reais ou supostos, produzidos pelos outros. No primeiro caso, o professor-avaliador arranja-se com sua turma; no segundo, o corretor arranja-se com os julgamentos socialmente atestados... e sua consciência. Pierre Merle mostrou muito bem como esses arranjos podem ter finalidade externa (a administração, os pais), interna (os alunos), ou podem ser em relação ao próprio avaliador (suas próprias exigências). São função da relação que o corretor mantém com a nota, de seu passado de aluno, da relação presente com o/ou os alunos e do nível médio da turma (Merle, 1996, p. 84-85).

Assim, aparece claramente uma dupla dimensão da operação de avaliação escolar. Ela é um ato de comunicação que se inscreve em um contexto social de negociação. Esta última dimensão já tinha sido bastante evidenciada por Yves Chevallard que, efetuando uma análise didática dos fatos de avaliação, conseguiu mostrar que o objeto adequado para compreender o funcionamento concreto da avaliação, no âmbito de um procedimento descritivo, não era o exame, mas a turma. Para Yves Chevallard, o modelo metrológico (a notação é assimilada a um ato de mensuração) deve ser substituído pelo modelo da transação (a notação faz parte de uma transação e inscreve-se em um processo de negociação didática). De fato, cada um em função de seu objetivo geral – para o professor, guiar a turma em uma progressão de saber e, para o aluno, modificar o percurso rumo a uma linha de menor dificuldade –, professores e alunos deverão negociar e transigir, as táticas destes opondo-se à estratégia global daquele. Desse ponto de vista, o controle dos conhecimentos fixa os "cursos". O professor não é uma máquina de dar notas, mas um ator que regateia, em função do valor essencial para ele, a média (que fixa o curso médio do saber na classe). As táticas dos alunos desenvolvem-se em vista da construção de uma imagem correta, a imagem escolar na qual se fixará seu valor de aluno, ao menor custo. De modo que, se a prova de avaliação mede alguma coisa, é a "habilidade tática do aluno" (Chevallard, 1986, p. 49) para construir a melhor imagem ao menor custo. O que recoloca muito claramente o problema do objeto "medido", pois, nesse contexto didático, "a nota atribuída torna-se uma mensagem" (p. 55). Negociação e comunicação andam juntas. Por isso, o que a avaliação escolar precisa para progredir (para mais justiça e, ao mesmo tempo, mais objetividade) é, primeiramente, de um "contrato social" (p. 58).

Sem dúvida, definitivamente, o defeito principal do avaliador é sua demasiada sensibilidade aos fenômenos sociais. Mas essa sensibilidade não poderia, a rigor, ser neutralizada senão no âmbito de um "contrato social" que determinasse e fixasse as regras do jogo. Como diz Yves Chevallard, o importante é aprender a dominar as regras do jogo. A relação de ensino não escapa à lei de toda relação humana: ser moldada por regras do jogo (p. 49).

Mas então, devido à própria importância dessa dimensão social, é preciso, de uma vez por todas, libertar-se da alegoria da medida. A conclusão dessa segunda análise dos saberes agora construídos sobre o processo de avaliação reencontra aquela da primeira análise. O avaliador não é um instrumento de medida, mas um ator em um processo de comunicação social. Certamente, ele precisa dizer, apesar de tudo, o valor de um produto. Mas o próprio uso do termo *valor* adverte que não se está, propriamente falando, no domínio da medida. A exatidão da especialização professoral não passa de uma crença, desmentida pelos fatos. Isso nos leva a compreender que a avaliação, mesmo em sua forma mais rigorosa, aparentemente, de notação, diz menos sobre o "verdadeiro valor" de um objeto (expressão sem dúvida marcada por uma contradição interna) do que expressa outra coisa. Mas o quê?

A AVALIAÇÃO É UM ATO DE CONFRONTO ENTRE UMA SITUAÇÃO REAL E EXPECTATIVAS REFERENTES A ESSA SITUAÇÃO

Fica claro, a partir do que precede, que não se encontrará mais justiça, rigor e objetividade em um hipotético aperfeiçoamento do avaliador – instrumento que faria dele uma melhor máquina de dar notas –, mas em um ajuste do ato de avaliação a seu "elemento estrutural constante" (Chevallard, 1990, p. 23). De fato, a primeira maneira de avaliar bem é... avaliar. Mas o que é, precisamente, esse elemento estrutural constante? Para Yves Chevallard, há avaliação cada vez que "um indivíduo, Y (o aluno, o professor), produz um enunciado avaliativo acerca de um "objeto" O (aqui, este professor ou este aluno)" (1990, p.23). Isso é totalmente verdadeiro. Mas o problema é saber o que caracteriza, essencialmente, um enunciado avaliativo e o que o distingue de qualquer outro enunciado. Para saber se é realmente possível, e em que condições, pôr a avaliação a serviço das aprendizagens, precisamos saber em que consiste esse enunciado, ou, de um modo mais geral, o próprio ato de avaliação. Hoje em dia, já se sabe.

Os trabalhos de Noizet e Caverni mostraram o caminho, privilegiando a noção de expectativa. De fato, a teoria da dissonância cognitiva só consegue realmente dar conta do jogo do mecanismo de assimilação com a condição de estar atento à importância das expectativas do professor. A posse de informações *a priori* sobre o aluno-produtor orienta suas expectativas acerca dele (ou acerca de seu trabalho). Essas expectativas vão perturbar sua visão do objeto, influenciando, por exemplo, a leitura que fez do trabalho. As informações *a priori* vão provocar uma "modificação na coleta dos indícios" (Noizet e Caverni, 1978, p. 144). A recusa da dissonância cognitiva vai incitar o avaliador "a coletar nesse trabalho apenas os indícios congruentes com sua expectativa" (p. 117). Este termo – indício – é capital para a compreensão do próprio ato de avaliação. De fato, Noizet e Caverni evidenciaram por outro lado a existência de efeitos próprios à dinâmica da coleta de informações. O avaliador opera uma "leitura" de seu objeto. Esta, no caso de um trabalho, leva tempo. Essa dimensão temporal tem conseqüências importantes.

> Quando, por exemplo, incorreções foram inseridas na primeira parte de um trabalho, este recebe uma nota pior do que quando as mesmas incorreções foram inseridas na segunda metade do mesmo trabalho (salvo por esse único aspecto). Poder-se-ia dizer que há, então, efeito de assimilação às primeiras informações retidas pelo corretor. Se a primeira impressão é boa, ele espera ver na seqüência mais coisas boas e... será mais atento e sensível ao que é bom daquilo que é menos bom. E reciprocamente. Em suma, o preconceito instala-se bem depressa. As expectativas são moldadas pelo que o avaliador tem em mãos: informações *a priori*, ou as primeiras impressões produzidas pelo trabalho do aluno.

Assim, essas primeiras informações ou impressões provocam inferências que guiam a coleta posterior dos indícios. A busca de consonância pode então se operar. Nessas condições, a avaliação é uma operação de levantamento seletivo de indícios. Os comportamentos de avaliação pertencem à categoria cognitiva dos comportamentos em que um levantamento de indícios leva a uma decisão (Noizet e Caverni, 1978, p. 67). O estudo experimental era precisamente sobre esse levantamento de indícios, cujas condições eram variadas. Verifica-se que *a avaliação é uma leitura influenciada por expectativas específicas referentes à produção de um produtor particular, em função do que se sabe, ou do que se descobre, progressivamente, sobre ele.* Efetivamente, o levantamento de indícios é seletivo quando se considera, de um lado, a espessura, ou a densidade, do objeto a avaliar, que ultrapassa sempre, de certa forma, as possibilidades de apreensão do avaliador. Várias leituras de uma mesma produção ou de um mesmo comportamento são sempre possíveis, o que constitui um outro aspecto daquilo que chamamos de caráter vago do objeto. E ele é seletivo quando se considera, de outro lado, a dimensão temporal da maioria dos atos de avaliação. Um trabalho é lido do início ao fim. Isso dá o tempo necessário para que os primeiros indícios recolhidos possam guiar a busca posterior dos outros.

Assim, a avaliação apresenta-se, de certo modo, como uma operação que articula expectativas e indícios. Falar-se-á, após os trabalhos de Marcel Lesne (1984) e de Jean-Marie Barbier (1985), de um confronto referente/referido. De fato, avaliar um trabalho consiste exatamente em dizer o que ele vale. Pode-se, para tanto, tentar estabelecer uma correspondência entre esse trabalho e uma escala de notas. Já se sabe que o valor assim atribuído expressa tanto um certo estado do "mercado" didático quanto o valor "intrínseco" do produto e que flutua em função das histórias pessoais e sociais do avaliador e do avaliado. Mas deve-se observar, por outro lado, que essa operação de atribuição de valor pode assumir certamente a forma de uma nota, mas também de um discurso (é bom; ele é muito bom), de um sorriso... ou de uma careta. A nota cifrada não passa de uma maneira entre outras de dizer o valor.

Contudo, o que exige, fundamentalmente, essa operação: dizer o valor? O que ela coloca em jogo? O que ela implica necessariamente? Observemos primeiramente que é uma operação através da qual se toma distância de uma realidade dada a fim de poder pronunciar-se sobre ela. O avaliador, ainda que esteja no coração da ação, está, de um certo modo, sempre em derivação, em retirada. Ele se afasta para observar (levantar indícios...) e julgar. Yves Chevallard (1990, p. 25) descreve o ato de avaliação como "uma declaração apreciativa de um indivíduo Y acerca de um 'objeto' O (que pode ser um indivíduo)". A declaração do avaliador tem a função de dizer a verdade (*vere dictum*); ela tem a significação de "veredito" (p. 26). Sobre o que é esse veredito? Sobre a relação, dentro de uma instituição I, de um sujeito X, com um objeto O. Quando X é um aluno, Y um professor e O um objeto de saber, a avaliação dá o "veredito de Y acerca da relação de X com O" (p. 27). Mas como pode-se chegar a tal veredito? Sobre o que ele repousa? Yves Chevallard fornece uma chave essencial. A instituição I definiu em seu seio diversas "posições", entre outras, aquela do aluno (e), aquela do professor (E), etc. Para cada objeto institucional O, a instituição faz emergir uma relação institucional com O para p, que será notada Rp (O). Essa relação institucional representa a relação normal, poder-se-ia dizer prototípica, e conseqüentemente valorizada, do sujeito X com o objeto O: "*Rp (O) é a relação que cada sujeito X, em posição p dentro de uma instituição I, deveria manter de modo ideal com o objeto O*" (p. 27, o grifo é nosso). Essa relação define, quando X é um aluno e O um objeto de saber, a posição do "bom" aluno. O que é então avaliado é "a adequação da relação pessoal R (X,O) com a relação institucional Rp (O)". Traduzindo: o veredito traz uma resposta à pergunta: o aluno está em conformidade com o que a instituição pode esperar dele?

Yves Chevallard extrai duas conseqüências disso. Primeiramente, todo julgamento de avaliação é institucional. Para a avaliação, não há legitimidade senão institucional. "Todo 'juiz' fala e sustenta sua declaração enquanto sujeito envolvido com uma instituição" (p. 26). Neste caso: desejo de ver os alunos tornarem-se bons alunos com referência ao modelo institucional do bom aluno. Em segundo lugar, existe uma equivocidade essencial dos vereditos. Yves Chevallard fala de caráter vago (eis novamente o termo...), de um trêmito, de um não-determinismo dentro da própria instituição (p. 28), pois a relação institucional com a atividade de avaliação "não fornece um 'algoritmo' de comportamento, levando Y a um veredito univocamente determinado" (p.28). E, por outro lado, em uma outra instituição, outro veredito seria dado. De modo que todo veredito é marcado por uma "arbitrariedade que, aparentemente, nada pode reduzir totalmente" (p.28.).

Resumindo: a avaliação não é uma operação científica. A declaração do avaliador é sempre equívoca. Ela só tem legitimidade no seio de uma instituição. E – para nós, o fato fundamental – ela expressa a adequação (ou a não adequação) percebida entre a relação atual do aluno com o saber, objeto da avaliação, e a relação ideal do aluno com o saber, objeto do "desejo" institucional. É em nome dessa relação ideal que é declarado o valor do aluno.

A avaliação é uma operação de leitura da realidade

O termo "leitura" significa, aqui, que o avaliador aborda seu objeto como o leitor seu texto. Ele tem, na mente, conhecimentos e sobretudo questões correspondendo a expectativas, que determinam uma atitude "antes-da-leitura" (a atitude seletiva na coleta das informações extraídas do trabalho, descrita por Noizet e Caverni). Também tem, diante de si, um conjunto de sinais que deverá decifrar e dar sentido. Neste caso, declarar o valor é dizer que sentido se atribui à posição do aluno em relação à posição institucional ideal. O sentido não está presente no objeto antes do ato de avaliação. O objeto, ele sim, está presente. Mas será preciso pronunciar-se sobre uma relação com o que pode ser, nesta instituição, almejado, esperado. Uma leitura é sempre seletiva. O leitor levanta indícios na "estrutura de superfície" do objeto (o conjunto do que se mostra, da informação visual) para construir sentido em função de informações disponíveis em sua estrutura cognitiva. Leitura não é medida.

A avaliação, como toda leitura, é orientada

A avaliação, por essência, não pode ser objetiva. O imperativo de objetividade implica que se apreenda um objeto tal como ele é, e tudo o que for possível apreender desse objeto do ponto de vista da dimensão isolada. Não se trata de dizer a "verdade" do objeto, mas de dizer quanto (ele pesa, ele mede, etc.). Haveria para a avaliação um imperativo – impossível de satisfazer incondicionalmente, como mostra Yves Chevalllard – de verdade. O discurso do avaliador deve ser "verdadeiro" quanto à relação que ele enuncia de um aluno com um objeto de saber, porém sempre com referência a uma relação ideal entre um aluno ideal e o mesmo objeto de saber.

Em outras palavras: o avaliador tem sempre um pé fora do presente do ato de avaliação. Ele tem um pé no dever-ser. Ele sabe (ou deve saber) o que deve ser (deve saber fazer) o aluno. É em nome desse dever-ser, que representa o conteúdo de uma expectativa específica, que ele julga (aprecia) o desempenho atual do aluno. Avaliar não consiste pois, simplesmente, em medir esse desempenho, mas em dizer em que medida ele é adequado, ou não, ao desempenho que se podia esperar desse aluno. Em nome de quê? Do modelo ideal que orienta a leitura da realidade e que preside ao levantamento de indícios. Será em função desse modelo que se manifestarão expectativas precisas acerca do aluno.

A avaliação é uma leitura orientada por uma grade que expressa um sistema de expectativas julgadas legítimas, que constitui o referente da avaliação

Dizer que não pode haver avaliação sem critério significa que a leitura do objeto avaliado efetua-se necessariamente através de uma grade constituída pelas expectativas específicas concernentes a esse objeto. Não se poderia avaliar um objeto do qual não se esperasse nada. Neste sentido, a relação de avaliação é uma relação de não-indiferença com o objeto avaliado. As expectativas de quem? Daqueles a quem a instituição reconhece o direito de fixar a relação institucional do objeto-aluno com o objeto-saber. Mas como são vários a se atribuírem essa legitimidade, isso não ocorre sem problemas. É claro que cabe primeiramente a toda a comunidade falar, através das leis, instruções oficiais e programas, mas a palavra do inspetor também tem sua legitimidade. E, evidentemente, a do professor, que traça seu caminho nos programas e desenvolve estratégias próprias para conduzir bem a tarefa que lhe foi institucionalmente confiada: conduzir a turma em uma progressão de saber. Porém, também os pais e os alunos têm algo a dizer. Devemos então considerar várias coisas:

a) A avaliação exige a construção daquilo que foi designado como seu *referente*, ou seja, um conjunto de critérios especificando um sistema de expectativas. Cada critério define *o que se julga poder esperar legitimamente do objeto avaliado.*

b) O que percebemos como o caráter vago do objeto de avaliação tem sua origem, além da "espessura" e da opacidade do próprio "objeto" avaliado (objeto a decifrar, que sempre ultrapassa o que se pode dizer dele), na imprecisão e no caráter vago das expectativas. A leitura se faz graças aos critérios, através deles. Se forem imprecisos, a leitura ficará necessariamente embaralhada (de onde vem o termo "trêmito" usado por Yves Chevallard). Uma necessidade absoluta, se assim pode-se dizer, para pôr a avaliação a serviço dos alunos é especificar seus critérios, seu sistema de expectativas. Ao menos para si mesmo, para saber o que se julga poder legitimamente esperar dos alunos que serão interrogados. Que eles saibam – o quê? – que tipo de saber (declarativo? procedural?). Que eles saibam fazer... no âmbito de que tarefa precisa? Com quais habilidades específicas? O que se vai poder designar em termos de capacidades, de competências, ou de outra coisa ainda? Vimos acima que o perigo das categorizações devia levar à prudência: jamais se pronunciar levianamente. Compreendemos agora que esse dever de prudência acompanha-se de um *dever de reflexão prévia*: levar o tempo necessário para identificar o mais claramente possível o que se julga precisamente poder esperar, e cuja "existência" vai ser precisamente "verificada" por essa prova de avaliação. Veremos mais adiante que pode ser muito sensato permitir ao próprio aluno que se aproprie desses critérios.

c) O ato de avaliar implica, neste sentido, bem mais do que objetividade, ou mesmo de verdade, um *imperativo de legitimidade*. Não realmente dizer o real (isso cabe à ciência), embora seja necessário pronunciar-se sobre um objeto real através dos indícios levantados; não realmente dizer o verdadeiro, embora o veredito deva traduzir o mais possível em sua verdade a adequação da relação pessoal à relação institucional com o objeto de saber; mas dizer o valor de um aluno ou de seu produto, mostrando como eles se situam em relação ao que é legítimo esperar deles.

d) Como o "se" (do "que se julga poder") designa uma pluralidade de pessoas (ou de instituições, dentro de uma instituição mais ampla), o referente de cada operação de avaliação deve ser construído a partir de um sistema plural de expectativas, selecionando, escolhendo (o porquê da negociação, implícita ou explícita) as expectativas a considerar prioritariamente para determinada avaliação. Isso acarreta duas conseqüências. Não pode haver espaço para subterfúgio. E como a triagem, a escolha, é sempre discutível, nenhum referente dispõe de uma legitimidade indiscutível. Dizer o valor é uma operação delicada devido a essa relatividade fundamental do referente. Desse ponto de vista, a avaliação levanta problemas de ordem ética e técnica. Sem que isso se torne paralisante, sempre há possibilidade de questionar a legitimidade de seu referente, de modo, por exemplo, a não exigir de um aluno o que manifestamente ele não tem condições de produzir, em função dos saberes e do *savoir-faire* que domina no momento. Isso seria condená-lo a um fracasso e talvez começar a inscrevê-lo naquela espiral cuja força já vimos.

A avaliação é uma leitura que implica construção de um "modelo reduzido" do objeto avaliado, que será o referente da avaliação

Os critérios reunidos no referente constituem assim uma grade de interrogação para o objeto avaliado. Somente graças a ela, logicamente, será possível consagrar-se tecnicamente à operação de busca de indícios. Fala-se de indícios ou de indicadores para designar os aspectos do objeto avaliado, os elementos colhidos em sua realidade, e sobre os quais vai basear-se para se pronunciar sobre o modo como as expectativas são satisfeitas.

No domínio da avaliação escolar, esses dados (é assim que se chama, em geral, o que seria melhor chamar de "coletados") são na maioria das vezes produzidos por ocasião de uma tarefa proposta ao aluno. É quando o aluno enfrenta essa tarefa, ou no produto de sua atividade, que se levantam os elementos observáveis que vão constituir "o objeto de trabalho" (Lesne, 1984, p. 133) da operação pela qual, segundo a fórmula de Jean-Marie Barbier, passa-se de uma "representação factual" de um objeto a uma "representação normatizada" do mesmo objeto (Barbier, 1985, p. 64). A busca dos observáveis é, portanto, um processo de produção de informação para a avaliação, ao que a avaliação não se reduz em nenhum caso. Quando há uma preocupação com os instrumentos da avaliação, pensa-se de modo prioritário nos instrumentos que vão permitir recolher as informações para a avaliação. Esses instrumentos serão diversos, em função dos tipos de dados possíveis. Pode-se pensar (cf. Barbier, 1985, p. 70) em dados já existentes (os resultados de avaliações passadas, as informações contidas em um boletim escolar); em dados produzidos por observação, seja aquela do comportamento "natural" do aluno (na aula), ou aquela de seu comportamento no decorrer de um teste: este é, como já dissemos, o caso mais freqüente, pois a tarefa permite observar a atividade do aluno, ou seu produto (há então observação indireta do sujeito produtor através dos traços de sua produção); ou então, enfim, em dados produzidos por meio de uma entrevista com o aluno. Em todos os casos, esses dados constituem (ou permitem extrair) indicadores, que só indicam algo em referência ao critério. Assim:

a) O indicador jamais é um dado imediato, que bastaria apanhar, abaixando-se. É sempre o resultado de um trabalho de elaboração, de construção, feito à luz dos critérios. Um indicador não indica nada que não esteja relacionado a um critério.

b) É a coerência critérios/indicadores que importa antes de tudo. Nisso reside toda a objetividade que se pode esperar de um julgamento de avaliação. Ele deve dizer o valor, baseando-se nos sinais (os indicadores) mais característicos da realidade (é preciso que os indicadores desvelem o próprio objeto), mas com referência às expectativas. Em outras palavras, o indicador deve ser, ao mesmo tempo, *representativo* da realidade avaliada (objetividade externa), e *significante* em relação a uma expectativa precisa ("objetividade" interna, ou coerência). A significação não está contida no indicador; ela não é uma propriedade dele. Ela nasce da proximidade com o critério. O indicador só pisca quando a grade de leitura lhe é superposta. Teremos oportunidade de precisar isso mais adiante.

c) Sendo o referido – aquilo a partir do que se poderá fazer o julgamento de valor – assim construído por meio do levantamento de indícios ou de indicadores (designa-se, portanto, pelo termo de referido o conjunto da informação que foi possível produzir para a avaliação), o ato específico de avaliação, que leva à produção de um julgamento de valor, consiste em relacionar um referido e um referente (Lesne, 1984, p. 132) para dizer em que medida a realidade apreendida por meio do referido está de acordo com o ideal que transparece no referente.

Tomemos um exemplo: posso legitimamente esperar dos alunos do ciclo das aprendizagens fundamentais (grande seção, CP, CE1[*]), do ponto de vista da construção dos conceitos fundamentais de espaço e de tempo (expectativa legítima em função das instruções oficiais: cf. *Les cycles à l'école primaire*, CNDP, Hachette, 1991, p. 33), que se situem em relação, primeiramente, a um passado e a um futuro próximos. Eis o referente (a relação institucional Ro [O] adequada do aluno X com o objeto de saber O). A relação pessoal do aluno X com esse objeto O (R [XO]) é adequada à relação institucional? Eis a questão levantada pela avaliação, a partir da qual vai-se organizar a leitura da realidade X (o aluno do ciclo das aprendizagens fundamentais).

Para produzir observáveis, poderei, por exemplo, submeter o aluno à seguinte prova: completar um calendário, ordenando diferentes etapas que correspondem ao passado e ao futuro próximos do próprio aluno (cf. *Aide à l'évaluation des élèves. Cycle des apprentissages fondamentaux*, Ministério da Educação Nacional, Direção de Avaliação e Prospectiva, volume 2, p. 44). Esta é a tarefa que deve permitir recolher informações para a avaliação. Trata-se de completar etiquetas vazias correspondendo a etapas importantes da escolaridade durante três anos, em uma faixa vertical em que esses anos estão representados. As respostas do aluno (exata esperada; exata parcial

---

[*] N. de T. A Escola Maternal, na França, compõe-se de três anos: *petite, moyenne* e *grande section*. O ensino primário, de cinco anos: CP (curso preparatório), CE1 (curso elementar 1), CE2 (curso elementar 2), CM1 (curso médio 1) e CM2 (curso médio 2).

sem elemento errôneo, errônea; ausência de resposta) constituirão o referido... que deverá ser interpretado em relação ao referente para formular um julgamento de valor do tipo: tanto quanto se pode julgar através deste exercício, tal aluno realizou perfeitamente o que se podia esperar dele. Ele sabe situar-se em um passado ou em um futuro próximos. Ou então: já este outro não possui, ou não domina senão parcialmente a competência visada. Observemos que se poderá sempre, atribuindo pontos aos tipos de respostas, traduzir isso em uma nota. Mas essa nota só terá sentido se não se perder de vista o que ela "traduz": o grau de adequação de um comportamento cognitivo real a um comportamento cognitivo desejado.

Desse ponto de vista, o avaliador colocará a avaliação... primeiramente a seu serviço (para servir à sua função de professor), tornando-a informativa, por meio de uma explicitação o mais precisa possível do referente, e, a partir daí, uma coleta o mais pertinente possível dos dados que poderão então ser interpretados, em relação ao referente.

Esta nos parece ser a terceira aquisição fundamental dos trabalhos sobre a avaliação e que, em certo sentido, é a mais importante. Efetivamente, compreende-se que a avaliação não é uma medida (aquisição nº 1); que se inscreve em um processo de comunicação/negociação (aquisição nº 2), por referência à sua característica essencial: é uma operação de confronto, de correlação, entre expectativas e uma realidade (ou, no outro sentido, entre "o existente e o desejado ou o esperado" Lesne, 1984, p. 132). Essas expectativas são essencialmente sociais. É preciso estabelecer expectativas legítimas, o que nem sempre é evidente... pode exigir negociações. O julgamento de valor produzido destina-se a atores sociais (o próprio professor, o aluno, a administração, os pais, etc.), para quem o que se diz nessa comunicação significa muito. O lugar que se conseguirá na sociedade será, em parte, função do valor escolar, apreciado e proclamado na escola. Apreciado, e não medido no sentido estrito, já que não se trata de medir um objeto, mas de dizer em que medida esse objeto corresponde a expectativas específicas sobre ele. A primeira maneira de pôr a avaliação a serviço dos alunos é, para o professor-avaliador, compreender tudo isso.

3 | Compreender que é possível responder a três questões pertinentes

(Balanço das interrogações remanescentes)

Quer dizer então que a existência de saberes validados acaba com todo debate, e que a importância do que é consenso reduz os desacordos que ainda persistem a serem apenas marginais? Não exatamente. Com efeito, os pesquisadores, exatamente como os professores, discutiram longamente três questões "penetrantes".

DEVE-SE ABANDONAR TODA PRETENSÃO À OBJETIVIDADE QUANTITATIVA?

Pode-se ter compreendido que a avaliação não é um ato de mensuração e, entretanto, continuar a esperar que ela possa progredir para o que permaneceria, apesar de tudo, um modelo, do qual é difícil de se livrar. De fato, muitos professores (assim como pesquisadores) conservam a nostalgia da medida. No Canadá, continua-se a associar sistematicamente medida e avaliação, o que mostra, de um lado, que não se confundem as duas atividades, mas também, de outro, que a atividade de avaliação é pensada como vizinha daquela de medida. A persistência de uma variação, julgada grande demais, entre as duas é então atribuída à ausência de uma formação adequada dos professores. Assim, por exemplo, Carl Rogers (1991, citado por Traub e Maraun, 1994, p. 39), após ter lamentado que cerca de 60% dos futuros professores do primário e até 75% dos futuros professores do secundário não terão seguido, antes de lecionar, um único curso básico em medida e avaliação, propõe para essa formação um programa que inclui um ensino de métodos de notação, visando a tornar mais homogêneos os padrões de notação dos professores. Muitos militam por uma "edumetria" renovada. O recurso aos testes é preconizado para tornar, apesar de tudo, a avaliação mais objetiva, com a ambição de melhorar as práticas tradicionais de notação para torná-las "tão eqüitativas quanto os testes padronizados" (Wainer, 1994, p. 135).

Essa renovação da "edumetria" (da medida em educação, a serviço da educação pela medida dos efeitos da educação) é assim um fenômeno ambíguo: motor de uma progressão rumo a uma maior objetividade, ou simples manifestação de uma resistência à mudança? Com efeito, esta se fundamenta em parte, segundo Jacques Weiss (1994, p. 67), na "dificuldade da maioria em abandonar a idéia de que a avaliação justa e eqüitativa não pode senão resultar de medidas quantitativas, tanto mais eqüitativas quanto mais precisas forem as cifras" Ora, a instituição escolar sustenta essa idéia, recusando-se a confiar no conhecimento intuitivo que os professores conseguiram construir graças à sua longa convivência com os alunos. "As únicas avaliações oficialmente reconhecidas são aquelas que resultam de uma adição de pontos ou de notas adquiridas pontualmente por ocasião de exercícios ou de testes regulamentados e tratados por cálculos, cujo grau de complexidade é proporcional ao grau de objetividade atribuído" (p. 68).

Porém, o debate permanece no nível das esperanças e/ou dos temores. Alguns denunciarão o vazio e a arbitrariedade de uma avaliação que desdenha deliberadamente cifras; outros, segundo uma expressão de Dany Laveault (1993, p. 151), a "miragem dos números". O que dizem os pesquisadores? Se a avaliação não é uma medida, qual é então sua relação com o quantitativo? E sobre o que ela pode se basear? Foram propostas três hipóteses que aprimoram, cada uma a seu modo, a resposta dada à pergunta geral: "Se a avaliação não é uma medida, então o que é exatamente?" Por essa razão, a consideração de certos elementos desse primeiro debate permitirá que aprofundemos nossa compreensão da atividade de avaliação e que vejamos melhor o que é requerido, para que surja, nessas condições, uma prática mais de acordo com o ideal de avaliação formativa. Cada hipótese parece ter, com efeito, sua parcela de verdade.

Primeira hipótese: a avaliação é um ato sincrético essencialmente (e com razão) baseado na intuição do avaliador

O debate opôs, neste caso, aqueles para quem não poderia haver avaliação séria e objetiva sem uma instrumentação adequada àqueles para quem são incontornáveis o conhecimento intuitivo e a convicção profunda dos professores-avaliadores, ou seja, os técnicos e os pedagogos. Os primeiros situam-se de modo claro no âmbito de um "paradigma docimológico", essencialmente orientado, assim como observa De Ketele (1993, p. 61), para a fidelidade ou confiabilidade das avaliações. Estas são esperadas de um instrumento adequado, com a utilização de instrumentos cada vez mais sofisticados, sendo o recurso ao computador e aos programas considerado o máximo neste campo. Por essa razão, Jacques Weiss (1986) fala de uma abordagem tecnológica para designar essa concepção própria aos especialistas da medida. Estes, de fato, estabelecem o modelo ideal e descontextualizado de uma avaliação que se refira apenas às competências adquiridas dos alunos. Em outras palavras, de uma avaliação criteriosa, visando explicitamente competências identificáveis e tentando apreciar sua aprendizagem ao superar, tanto quanto possível, os vieses provenientes do sujeito avaliador e daquilo que chamamos de "densidade" do objeto avaliado (no seio do qual a competência visada nem sempre será facilmente delimitada). O que se poderia, nessas condições, recriminar nessa abordagem tecnológica, que repousa sobre a ambição fundadora de realizar uma "avaliação objetiva", que trata apenas "dos saberes e *savoir-faire* claramente explicitados, que define os domínios esperados" (Weiss, 1986, p. 100)? Uma avaliação assim purificada não constituiria uma forma particularmente bem-vinda de avaliação formativa?

Pode-se observar, inicialmente, que faz parte da lógica dessa abordagem confiar a avaliação a especialistas, com um risco de separação, até mesmo de cisão, entre as atividades (e as funções correspondentes da escola) de formação e de avaliação. Tal separação não tornaria mais difícil a instauração de uma avaliação formativa, na medida em que esta implica integração constante da avaliação à ação de formação? Os eventuais efeitos benéficos do aperfeiçoamento tecnológico ficariam portanto reservados à avaliação cumulativa. Esta não deixa de ser uma necessidade, e a objetividade, um dever. É pertinente, pois, dissociar a formação, confiada aos professores, da certificação dessa formação (ou a "medida objetiva" dos resultados alcançados), confiada a especialistas, formados em técnicas capazes de garantir a objetividade e a generalização dos resultados observados e independentes da instituição de formação. Essa dissociação seria para a avaliação cumulativa ao mesmo tempo uma garantia de objetividade (pois os juízes são especialistas) e de justiça (visto que são independentes). Todavia, o problema da relação adequada de uma EVF com o quantitativo permanece igual.

Os partidários daquilo que De Ketele (1993, p. 60) designa como "o paradigma da intuição pragmática" opõem à abordagem tecnológica não convicções, mas fatos. Em primeiro lugar, esse procedimento não protege absolutamente da arbitrariedade, seja ela subjetiva ou social. Quer se trate de avaliações com intenção certificativa, ou formativa, a escolha dos objetivos avaliados, assim como a definição dos critérios e dos patamares de êxito, jamais é neutra. Ela expressa e traduz preferências individuais e/ou sociais, em si sempre discutíveis. De modo que "a abordagem técnica" não tem condições de garantir a objetividade que quer aparentar (Weiss, 1992, p. 28). A objetividade é apenas ilusória na medida em que os professores-avaliadores (quando se trata deles) usam a margem de liberdade de que dispõem para determinar os conteúdos de aprendizagem, administrar as provas escritas que servem para controlar o grau de aquisição desses conteúdos, modular as condições de realização dessas provas, jogar com as tabelas (p. 23). E, por outro lado, as normas de certificação que se queria impor em escala nacional são interpretadas e aplicadas de maneira variável (p. 24). A instrumentação quantificativa ("os cálculos científicos de notas, o estabelecimento complicado de tabelas, os múltiplos recursos às interpretações quantitativas das aprendizagens", Weiss, 1992, p. 22), não é uma garantia de mais eqüidade e de justiça do que de objetividade.

Mas um outro fato, sobretudo, virá demonstrar os limites do quantitativo na avaliação escolar. Verifica-se, com efeito, que os julgamentos dos professores, baseados em impressões cotidianas e que traduzem uma intuição global, prevêem melhor o êxito escolar do que os resultados cifrados fornecidos pelas provas aparentemente mais rigorosas e mais objetivas, tais como os testes de conhecimentos ou de aptidão, ou os questionários de interesses ou de personalidade (Weiss, 1986, p. 94-95 e 1992, p. 27). Como dar conta desse paradoxal valor prognóstico das apreciações "subjetivas" dos professores? Jacques Weiss evoca várias razões:

a) Os professores são aqueles que mais conhecem os seus alunos. Desse ponto de vista, há uma verdade da intuição, como se o professor dispusesse de um "sexto sentido" que lhe permitisse integrar informações difusas (é a dimensão sincrética da avaliação) e dar-lhes sentido no contexto escolar e social próprio ao aluno (Weiss, 1986, p. 100). Haverá portanto, paradoxalmente, uma objetividade da avaliação por meio da "adaptação" à situação e à personalidade do aluno.

b) Os professores são aqueles que mais conhecem o funcionamento do sistema escolar, assim como "as exigências escolares formais, as expectativas sociais dominantes, freqüentemente implícitas" (Weiss, 1992, p. 28). Ou seja: as regras do jogo e do êxito escolar, sejam implícitas ou explícitas.

c) Ora, sabemos que a avaliação é um ato de correlação. Os professores então correlacionam as características, não somente escolares, mas também comportamentais e sociais de seus alunos (a "intuição" que têm delas lhes dando uma visão sincrética), com as expectativas, manifestas ou não, do sistema escolar. Estão mais bem equipados para efetuar essa correlação do que especialistas externos, cuja distância e "objetividade" justamente atrapalham. A "objetividade" do conhecimento intuitivo e da adaptação ao contexto ultrapassa a "objetividade" da não-implicação e da construção instrumental dos especialistas externos!

d) Mas isso não é tudo. Se as avaliações qualitativas dos professores revelam-se mais confiáveis do que as avaliações quantitativas dos especialistas, é porque a avaliação, como bem sabemos, é um procedimento interativo e social. Se os julgamentos dos professores são, pois, socialmente oblíquos, na medida em que sofrem uma determinação socioinstitucional, e traduzem a adequação tanto a normas sociais de comportamento quanto a normas "objetivas" de desenvolvimento intelectual, isso não é constrangedor porque os mesmos viéses pesam sobre a definição do êxito! O aluno que tem as maiores chances de êxito escolar é aquele que não somente obtém os melhores resultados escolares (e encontra-se, portanto, em conformidade com as normas escolares), mas também o que "apresenta os comportamentos valorizados pela sociedade e pela maioria do corpo docente da escola" (Weiss, 1986, p. 93). O exame também é uma prova de êxito social. Os professores, apreciando socialmente o aluno, podem dizer se ele terá êxito socialmente. Nesta questão, o que é puramente escolar torna-se secundário. Um jogo (o jogo escolar) esconde um outro (o jogo social), que é determinante. A abordagem tecnológica quer alcançar a objetividade por redução ao escolar. A "intuição pragmática" alcança uma objetividade maior situando completamente a avaliação em um jogo social dominante, mas que não se declara como tal.

e) Enfim, os professores têm a possibilidade de ajustar os resultados escolares às suas representações dos alunos, o que explica que os resultados propriamente escolares, obtidos nas diversas avaliações formais, virão finalmente coincidir com a imagem intuitiva que tinham feito. Os resultados do aluno são, de fato, "interpretados e ponderados" segundo essa imagem (Weiss, 1986, p. 95.). Podem-se evidenciar procedimentos de ajuste (bem próximos do que Pierre Merle designa como arranjos), passando, por exemplo, por práticas corretivas. Foi esse ajuste dos escores às representações, conscientes ou inconscientes, que foi descrito sob a denominação de efeito de assimilação. A validade de previsão do julgamento dos professores também expressa o fato de que ele é, em parte, produtor do sucesso ou do fracasso dos alunos, por meio desses mecanismos de ajuste dos resultados às representações.

Nessas condições, deve-se concluir que o imobilismo é uma virtude e que os avaliadores-professores têm razão em trocar sua intuição, afinal tão "objetiva", pela busca incerta de um ideal de avaliação que seria "cientificamente correto" graças à sua descontextualização e à sua instrumentação? Quem poderia recriminá-los por se recusarem a acreditar em promessas vãs? É claro que "a profunda convicção de saber intuitivamente o que 'vale' um aluno" (Weiss, 1992, p. 20) é em parte justificada pelas próprias condições, institucionais e sociais, da atividade de avaliação. Mas devemos nos contentar com a intuição e rejeitar por isso qualquer tentativa para tornar a avaliação mais justa e mais "objetiva" graças a uma melhor instrumentação?

Quanto a nós, observamos que:

– É preciso considerar que o que Jacques Weiss designa como "tentação técnica" (1992, p. 28) não garante nem a justiça, nem a objetividade da avaliação. Em relação a isso, é preciso livrar-se da miragem dos números.

– Isso não deve levar à rejeição do quantitativo, mas simplesmente, segundo uma fórmula de Jean Cardinet (1990), a recolocá-lo em seu lugar. Se ele não é uma garantia absoluta de rigor, pode possibilitar livrar-se daquilo que a intuição tem de desmedidamente subjetivo.

– Uma maior justiça e uma maior objetividade podem ser buscadas na "desvinculação" entre o escolar e o social. Certamente, isso não será fácil, devido à importância dessa dimensão social do ato de avaliação. Mas a importância dessa dimensão social não deve condenar a aceitar e a sofrer todos os vieses sociais que pesam sobre a atividade. Deve ser possível, em um processo de comunicação social, falar "justo" e falar "pertinente" (Hadji, 1992, p. 160-161). Como? Esforçaremo-nos para precisar isso posteriormente. A convicção da possibilidade de uma EVF quase não teria mais sentido (salvo se nos satisfizermos com a pregnância dos critérios sociais tanto na definição quanto na apreciação do êxito), se não fosse possível quebrar esse vínculo entre o escolar e o social, de modo a poder apreciar, sem ser o joguete de fatores sociais parasitas, o domínio pelo aluno de competências identificáveis e produzidas na escola. Apreciar mais o êxito das aprendizagens do que o grau de conformidade a um modelo social dominante, esta é a exigência maior de uma EVF.

**Segunda hipótese: a avaliação é um ato que tem
mais a função de explicar do que de descrever**

Aqui o debate versa sobre a importância e o papel dos indicadores. Vimos que a correlação fundamental referente-referido podia ser considerada nos dois sentidos: do referente ao referido, das expectativas à realidade, e este é o sentido logicamente dominante pois, sem expectativas específicas, não pode haver julgamento de avaliação; mas também do referido ao referente, do existente ao desejado, e este é o sentido que, com freqüência, domina concretamente na medida em que é afinal mais fácil perceber sinais externos, que se oferecem à observação, do que dizer de modo claro o que se julga poder esperar legitimamente do aluno. Poder-se-ia objetar a isso que o que é verdadeiro para os indícios extraídos *in vivo*, no cotidiano da ação, não o é para os indicadores laboriosamente construídos por um especialista em seu esforço de instrumentação. Não há dúvida. Mas o risco é o mesmo: contentar-se com indicadores e esquecer os critérios, seja em razão da aparente facilidade de produção daqueles em um caso (pois, se é fácil perceber sinais externos, estes nem por isso são imediatamente indicadores de avaliação), ou de sua aparente clareza no outro. Como se o indicador fornecesse, ao mesmo tempo que o sinal, a significação. Como se o sentido fosse evidente. A tentação é pensar que basta ter uma bateria de indicadores adequados para avaliar objetiva e eficientemente.

O debate sobre esse ponto envolveu mais o campo da avaliação das ações e sistemas de formação do que aquele da avaliação das aprendizagens. Todavia, interessamo-nos por ele por três razões. Em primeiro lugar, se o trabalho de construção de indicadores é menos diretamente visível na avaliação das aprendizagens do que naquela dos sistemas de formação, o risco de se contentar com os observáveis também é grande. Em segundo lugar, a avaliação dos estabelecimentos escolares pode constituir tanto um meio quanto um freio para o desenvolvimento de uma EVF, na medida em que ela pode ou não ser colocada a serviço de uma dinâmica de formação. Enfim, um exame rápido da questão dos indicadores de desempenho das escolas leva-nos a compreender bem quais são, ao mesmo tempo, a importância e os limites dos indicadores, a fim de apreciar seu lugar justo em uma prática de avaliação formativa.

Alguns periódicos publicam regularmente, de fato, um *ranking* das escolas. Em uma época em que os pais tornam-se "consumidores de escola" (Ballion, 1982), as famílias gostariam de poder escolher o "melhor estabelecimento". Mas sobre o que fundamentar as classificações? O que distingue um estabelecimento de excelência de um estabelecimento medíocre? Ao empreender uma classificação das 46 universidades canadenses, a revista *Maclean's* leva em conta 22 critérios, dentre os quais o tamanho dos efetivos estudantis, as médias dos estudantes aprovados nos exames, assim como, por exemplo, a porcentagem de professores doutores. Porém, logo é levada a distinguir três categorias, para dar conta do tamanho e da história dos estabelecimentos. Na França, no que diz respeito às escolas, contentou-se por muito tempo com um único indicador: o índice de aprovação no *baccalauréat* (número de aprovados sobre número de candidatos). Mas o que mede esse indicador? A rigor, o sucesso por candidatura. O que isso significa? Esse dado possibilita realmente a comparação entre as escolas? Uma escola que se livrasse, no final do penúltimo ou do último ano do secundário, dos alunos medíocres teria um bom índice de aprovação. Seria ainda assim uma boa escola? O mesmo aconteceria com uma escola que multiplicasse as reprovações para apresentar apenas alunos em condições de aprovação. Em outras palavras: esse primeiro indicador mede apenas um "rendimento" baseado na qualidade dos alunos apresentados, com todas as reservas sobre a possibilidade de apreciar "objetivamente" essa qualidade, não aquela do próprio estabelecimento. Para apreciar esta última, dever-se-ia levar em conta as características da população de partida. E, para dar sentido a este único indicador, seria preciso conhecer, além da estratificação social e escolar das populações de candidatos envolvidos, o tempo que os alunos-candidatos passaram no estabelecimento e as estratégias utilizadas por esse estabelecimento no que tange ao recrutamento, orientação e reprovação dos alunos.

Na falta disso, como bem mostrou Robert Ballion (1991), os pais que desejam escolher a "boa escola" para seus filhos só poderão fazê-lo baseados em informações parciais e incompletas, confiando em imagens baseadas em rumores. Por essa razão, em seu esforço de avaliação das escolas, a Direção de Avaliação Prognóstica, sob a direção de Claude Thélot, considerou, além do índice de aprovação no *baccalauréat*, o índice de acesso do primeiro ano secundário ao *baccalauréat*, que avalia a probabilidade de um aluno cursando este ano obter este certificado ao final de uma escolaridade inteiramente seguida no estabelecimento, seja qual for sua duração, e a proporção de titulares do *baccalauréat* que deixam o estabelecimento, independentemente das razões. Pode-se pensar que o segundo indicador aprecia melhor a "produtividade" específica da escola, e o terceiro dimenciona as chances de um aluno que entrou no estabelecimento de obter o certificado, seja qual for a duração necessária para isso.

Isso mostra que nenhum indicador sozinho é satisfatório, pois todos são ambíguos e devem ser interpretados. Mais uma vez, as cifras aparentam objetividade. Mas tudo depende do que se quer apreender. Como diz muito a propósito Philippe Montigny, "o indicador jamais é este instrumento rigoroso cujo aspecto quantitativo ilude. Ele só tem sentido com relação a um contexto de elaboração" (1986, p. 59). É nesse contexto que convém se resituar, para voltar à questão levantada e que orienta a leitura avaliativa. O que se quer saber? Se a escola é eficaz, eficiente, produtiva: tudo isso é ambíguo (cf. Hadji, 1992, p. 191). Não há eficácia senão com referência a objetivos (Thélot, 1993, p. 11-39), que convém especificar inicialmente. E não se escapa à necessidade de precisar o que se espera do objeto avaliado: por exemplo, espera-se da escola que "acrescente" um valor ao valor escolar inicial dos alunos que recebe. Em sua vontade de conduzir à aprovação um máximo de alunos, que valor acrescentaram os estabelecimentos? Eis a questão a partir da qual se poderá instrumentalizar de modo útil a avaliação. O que depende da ação própria à escola e que não é imputável a fatores externos (tais como a origem social dos alunos)? Esse valor acrescentado não se confunde absolutamente com os resultados. Claude Thélot levantou muito claramente o problema do "valor acrescentado" e propôs um método para "medi-lo", o qual consiste em comparar os resultados obtidos com os resultados esperados, estes últimos sendo calculados com referência aos resultados nacionais obtidos pelos alunos com perfil igual ao do estabelecimento, de acordo com certos parâmetros como a origem social ou a idade (Thélot, 1994, p. 15). Comparam-se então os níveis reais de aprovação por perfis no final com os níveis teóricos de aprovação por perfis segundo as normas nacionais. Mesmo imperfeito (pois se pode apenas chegar perto do valor acrescentado por unidade de ensino, já que todo método tem seus limites), esse método tem o grande mérito de fazer sentido. Isto é o essencial. As informações quantificáveis servem sempre somente de base para a interpretação. Os dados são construídos. "As cifras jamais falam por si mesmas e só assumem sentido em uma problemática explicativa" (Dupuis, 1986. p. 35).

O avaliador encontra-se, portanto, diante de dois riscos simétricos. O primeiro, como já vimos, é o de reduzir a realidade e seu sentido, contentando-se com um único indicador, que supostamente expressa tudo o que se quer saber. O segundo é o de diluir esse saber em um número excessivo de indicadores (caso da avaliação das universidades canadenses), o que obscurece o essencial e não mais possibilita extrair o sentido das constatações feitas. E, nos dois casos, existe um terceiro risco, fundamental, que é o de tomar um indicador por um critério (ou de se satisfazer com critérios que não são, na melhor das hipóteses, senão indicadores); em outros termos, esquecer a necessária explicitação e especificação daquilo que se pode esperar do objeto avaliado. Contentar-se com indicadores equivale a estancar esta reflexão prévia e agir como se ela tivesse sido feita. Aqui, a evidência é o pior inimigo do avaliador (é evidente, por exemplo, que uma explicação de texto expressa a competência literária de um aluno... assim como a competência pedagógica de um professor!). Deve-se dizer primeiramente o que se quer "medir". O que não impede absolutamente que se tente, a seguir, basear um julgamento em cifras.

Terceira hipótese: avaliar é fazer agir a descontinuidade dos valores, não a continuidade das cifras

Alguns levaram a análise crítica da tentação quantitativa até o fim, afirmando que não podia haver avaliação senão qualitativa. Esta é a posição defendida por Jacques Ardoino e Guy Berger (1986). Para eles, trata-se de tirar todas as conseqüências do fato central de que avaliar significa atribuir uma qualidade com referência a um valor. Com efeito, pode-se observar que, mesmo no âmbito de um procedimento que visa quantificar, é impossível suprimir toda referência a valores. Deste modo, quando empreende a avaliação da eficácia do sistema educativo, Claude Thélot evoca, ao lado dos três grandes objetivos que identifica (transmitir saberes, preparar para a vida profissional, formar para a vida em sociedade), o que designa como uma "exigência de eqüidade", que seria um objetivo transversal (1993, p. 11). Espera-se do sistema que reduza as desigualdades diante da escola, quer se trate das desigualdades geográficas ou das desigualdades sociais (mais precisamente, do efeito escolar dessas desigualdades sociais). Mas também se pode falar, para cada um dos três grandes objetivos, de uma exigência: de desenvolvimento intelectual, profissional e social. Esse desenvolvimento é valorizado. Como se poderia esperar legitimamente uma dimensão, uma competência ou um comportamento que não correspondessem a uma mais-valia (anteriormente referido como valor acrescentado) para o "objeto" avaliado? Avaliar significa exatamente dizer o valor, pronunciar-se sobre um aumento de valor, em nome de uma expectativa que só é legítima na medida em que ocorre sobre um aspecto do real que pode ser "lido" através de um valor.

Por isso, Jacques Ardoino e Guy Berger concluem que o que especifica a avaliação é a noção de valor, no sentido filosófico e não no econômico do termo. É sobre isso que se baseiam para reposicionar radicalmente o quantitativo. Da cifra ao valor, muda-se de registro. Opera-se uma ruptura. "Só haverá avaliação no momento em que alguém declarar que uma nota é ou não aceitável", ou seja, "no momento em que emerge o qualitativo no quantitativo". Nesse sentido, não existe avaliação senão qualitativa. A avaliação repousa sobre a introdução de descontinuidades de valores nos sistemas contínuos (1986, p. 122). Medir consiste produzir um "descritivo organizado" da realidade que se apreende e encerra em uma "cadeia quantitativa". Avaliar consiste "quebrar a continuidade dessa cadeia" (p. 22).

A afirmação de que a avaliação é qualitativa equivale assim a uma chamada à ordem. O essencial é organizar-se para dizer se o fato aproxima-se do valor. Desse ponto de vista, para o avaliador, é uma falta, um erro, recusar-se a enunciar os valores em nome dos quais ele decide. Isso não acarreta absolutamente, porém, um desprezo, ou uma recusa, à quantificação. As cifras podem ser úteis... quando se sabe a que objetivo e, portanto, a que valor elas remetem. Assim como a ausência de indicadores cifrados torna a avaliação incerta, o esquecimento dos critérios torna-a impossível... (Hadji, 1996, p. 165).

DEVE-SE RECUSAR-SE A JULGAR?

Até agora, empregamos sem discussão o termo julgamento para designar o ato de avaliação. As análises anteriores permitem-nos insistir até mesmo sobre o fato de que se trata de um julgamento de valor. Mas a questão que se levanta é saber se não fomos pegos na armadilha de uma daquelas falsas evidências condenadas anteriormente.

A noção de julgamento foi, de fato, objeto de uma dupla crítica. A primeira decorre paradoxalmente das análises que privilegiam a dimensão qualitativa da avaliação. Se avaliar significa atribuir uma qualidade, se há tanto a explicar quanto a descrever, o verdadeiro problema para o avaliador é interpretar o real sobre o qual deve pronunciar-se. Não simplesmente estabelecer uma constatação – o que corresponderia, por exemplo, à "medida" de um desempenho – mas dar conta do que foi observado no âmbito de um "sistema de observação" (Ardoino e Berger, 1986, p. 123) que vai fazer sentido ao real. Por exemplo, determinado aluno utilizou um procedimento incorreto, ou muito longo, impossibilitando-o de dar as respostas esperadas no tempo concedido. Nessas condições, não pode haver espaço para tal subterfúgio. O que significa duas coisas: as expectativas, as exigências (pelo menos em uma opção de EVF) podem, até mesmo devem, flutuar de um aluno a outro; e o que possibilita compreender a situação de um não é automaticamente adequado para compreender a situação do outro. Em último caso – e esta é a conclusão de Jacques Ardoino e Guy Berger – deve-se reconstruir cada vez o sistema de interpretação, dotar-se de um novo referente. "A avaliação, por levantar a questão do sentido, consiste essencialmente em produzir, em construir, em criar um referente ao mesmo tempo em que se reporta a ele" (1986, p. 123). Ela não passa de "construção permanente e continuamente inacabada do referente e, portanto, do sentido" (p. 124).

Por essa razão, para esses autores; a avaliação distingue-se radicalmente da prova. Fazer prova é verificar a conformidade a um modelo de referência. É revelar (estabelecer como verdadeiro) por meio de uma operação de verificação que atesta a conformidade a uma norma. Todo professor-estagiário deve fazer os cursos de pedagogia ministrados no Instituto Universitário de Formação de Professores (IUFM). As presenças serão controladas com referência a um registro (lista de presença). O controle implica um referente, não somente operatório, mas que não deixa subsistir nenhuma ambigüidade. Deve-se poder verificar a presença do que é esperado. Pode-se então controlar conhecimentos? Sem dúvida, se forem declarativos, independentes e sem discussão possível no discurso que os enuncia. Marignan: 1515,[*] isso não se discute. Mas se se trata de conhecimentos procedurais? Não se poderá senão inferir a "presença" do conhecimento a partir da ação do sujeito. Haverá então avaliação, no sentido de interpretação.

Para Jacques Ardoino e Guy Berger, prova e avaliação pertencem a dois universos diferentes (1986, p. 121) e inscrevem-se em dois paradigmas opostos. Quanto a nós, insistimos mais na "complementariedade" entre esses dois universos, já afirmada todavia por esses dois autores (p.121.). A prova parece ser um caso particular de avaliação com um referente ao mesmo tempo total-

---

[*] N. de T. Refêrencia à vitória de Francisco I na batalha de Marignan, em 1515, contra os suíços.

mente predeterminado, totalmente explicitado, e totalmente desprovido de ambigüidade (Hadji, 1992, p. 39-40). Mas o que resta do julgamento quando o "referante"* (escrevendo como Jacques Ardoino e Guy Berger) é construído *ad hoc* e desempenha plenamente o papel de sistema de interpretação? Julgar não mais importa (problemática judicial), mas compreender (problemática interpretativa). Uma EVF não deveria ser antes de tudo interpretativa?

Jean Cardinet fará nesse sentido um questionamento ainda mais radical da idéia de julgamento, desenvolvendo a concepção de uma avaliação informativa. Em um texto de 1988, ele analisa a evolução recente das idéias e das práticas como a passagem de um paradigma de decisão a um paradigma de informação. No âmbito do paradigma de decisão, caracterizado pelo tríptico medida/julgamento/decisão (Cardinet, 1988, p. IX), a avaliação tentará classificar os sujeitos com a ajuda de técnicas psicométricas, para depois controlar a aquisição de *savoir-faire* previamente definidos. No âmbito do paradigma de informação, tratar-se-á de fornecer ao aprendiz um modelo apropriado para que possa corrigir-se, e, enfim, contribuir para tornar o aluno mais autônomo por meio de uma conscientização de ordem metacognitiva, isto é, sobre seus próprios procedimentos e processos mentais. O mais importante não é julgar o grau de êxito do aluno (Scallon, 1988, p. 17), mas dar-lhe a informação de que precisa para compreender e corrigir seus erros. A avaliação informativa tende à auto-interpretação.

Deve-se então ainda querer julgar? Jean Cardinet responde que não, a partir da idéia (que reconhecemos no próprio princípio da utopia promissora de EVF) de que o avaliador está presente para auxiliar o aluno a progredir. Nessa ótica, é a qualidade da informação dada (por retroação) ao aluno que importa. Uma avaliação resolutamente "descritiva" é a única compatível com tal relação de ajuda (Cardinet, 1989, p. 41): uma avaliação que se preocupe menos em determinar a posição do aluno, ou em se pronunciar sobre a competência construída, do que em dar "um retorno de informação multidirecional, dirigindo-se ao aluno" ao invés de "ser sobre" ele (p. 49). Ainda assim uma avaliação (p. 48), mas não comparativa, sem gabarito preestabelecido e sem julgamento de valor (p.48), e tudo isso mesmo quando se trata apenas de uma avaliação cumulativa! A argumentação apresentada por Jean Cardinet toma a forma de um silogismo. O ensino é uma relação de ajuda. Toda relação de ajuda exclui o julgamento: o educador que dá sua confiança só pode, *a priori,* recusar-se a julgar o outro. Portanto, a escola deve avaliar os alunos sem julgá-los. Isso leva, para Jean Cardinet, a uma

---

* N. de T. Os autores, ao invés de empregarem o termo *référent* [referente], criam o termo *référant*, a partir do prefixo "ant", que indica o agente.

"nova definição" do termo avaliação. Esse termo não pode mais significar "estimar o valor" (p. 50). De fato, esse sentido delimita em uma avaliação "em terceira pessoa", transformando o aluno em objeto (p. 51). Para uma avaliação em segunda, até mesmo em primeira pessoa, a única possibilidade é um "aporte de informação, em reação ao resultado das ações passadas, que permita ao sujeito adaptar a continuidade de suas ações em relação a seu objetivo" (p.51.). É portanto desejável e, ao mesmo tempo, possível avaliar sem julgar.

O debate está resolvido? Deve-se considerar ultrapassada a definição "clássica" segundo a qual avaliar um objeto consiste estimar seu valor? A posição de Jean Cardinet parece-nos sólida de um certo número de pontos de vista:

a) De um ponto de vista simplesmente técnico, o ponto de partida da análise proposta nos parece irrefutável, devido a tudo o que se sabe hoje em dia (p. 24 e 47). Os limites da abordagem edumétrica levam a concluir que "a busca de um nível de desempenho "verdadeiro" parece um empreendimento desprovido de sentido" (p. 47). É a partir dessa constatação que se deve repensar a avaliação.

b) De um ponto de vista simultaneamente ético e pedagógico, é correto afirmar que a avaliação escolar deve-se inscrever no âmbito de uma relação de ajuda. Correto do ponto de vista ético da relação com o outro; correto do ponto de vista pedagógico que concebe a relação educativa como relação de acompanhamento, cuja finalidade é o desenvolvimento do educando. É desse ponto de vista que pensamos ser correto recusar-se a ceder à obsessão da seleção e da busca da excelência, quando se operam dentro de uma competição sem trégua. Permitir a cada um tornar-se excelente, sim. Organizar uma competição selvagem para fazer emergir uma elite, não.

c) Nessas condições, admitir-se-á a pertinência da finalidade privilegiada para a atividade de avaliação: contribuir para tornar o aluno cada vez mais autor de suas aprendizagens. É o sentimento dessa pertinência que está no coração da utopia de EVF, cuja positividade admitimos (p. 12).

É lógico, nessa ótica, privilegiar uma avaliação em primeira pessoa. Sabe-se que Louis Not (1979) distinguia o ensino em terceira pessoa (perspectiva tradicional: o aluno é um objeto, um "ele" sobre quem se dá ação) do ensino em segunda pessoa (ou "respondente": responde-se às necessidades do aluno que é um co-autor de sua formação, no âmbito de uma interestruturação), e em primeira pessoa (o professor está "ausente"; o aluno, que é um "eu", constrói-se como sujeito que conhece graças à descoberta e à invenção). Poder-se-á discutir a primazia da auto ou da interestruturação. Mas ambas poderão parecer preferíveis (pois mais defensáveis eticamente e, imagina-se, mais eficazes) à heteroestruturação da perspectiva tradicional. Jean Cardinet considera duas formas de avaliação em segunda pessoa: a avaliação "pelo sucesso", baseada na informação concernente ao êxito ou ao fracasso do projeto da criança, e a avaliação "pela resposta", na qual a informação é trazida pela reação dos parceiros (Cardinet, 1989, p. 51). A avaliação "em espelho", enfim, é proposta como exemplo de avaliação em primeira pessoa. Ela ocorre cada vez que o sujeito tem oportunidade de se observar "do exterior", através, por exemplo, de seu boletim escolar, seu cabedal de competências, ou seu *curriculum vitae*. Faz parte claramente da lógica de uma EVF privilegiar tais formas de avaliação.

d) Pode-se fundamentar a recusa ao julgamento na nocividade atestada das práticas de rotulação ou de categorização, quando marcam negativamente o aluno; pode-se acrescentar ao que aprendemos com Noizet e Caverni, Merle e Monteil os fatos evidenciados por Perron e outros (1991). A imagem do bom aluno "pesa muito", mesmo nas crianças consideradas boas alunas (p. 32). Existe uma forte ligação entre a apreciação *a priori* por cada aluno de seu êxito futuro e o julgamento do professor sobre seu valor escolar (p. 103). De modo geral, "aos olhos da criança, o fracasso é lido antes de tudo no olhar do professor; ele é ouvido em seus julgamentos" (p. 113). Perron propõe, nesse sentido, um notável modelo explicativo da espiral do fracasso (p. 112-114).

e) Tudo leva a evidenciar a necessidade de uma avaliação informativa, e portanto a pertinência do "paradigma de informação": a evolução das idéias e das práticas analisada por Jean Cardinet; a lógica do mecanismo de correlação que descrevemos; os imperativos de ordem ética ou pedagógica a favor de uma avaliação mais útil ao aluno. Todavia, pode-se preferir, com Philippe Perrenoud (1991, p. 50), a expressão "observação formativa" na medida em que, historicamente, o termo avaliação foi demasiadamente associado à medida, às classificações, à idéia de uma contabilização dos conhecimentos adquiridos e das lacunas. Desta forma, deve-se privilegiar e ampliar a observação, a fim de não excluir nenhum tipo de informação, de não deixar à sombra nenhum dos aspectos do processo de aprendizagem ("aspectos cognitivos, afetivos, relacionais, materiais", p. 51) e de não descartar nenhum modelo de interpretação. Tudo o que for possível para ajudar a guiar e otimizar as aprendizagens em andamento é bem-vindo. Mas não seria abusivo descartar o termo avaliação?

Recusar o julgamento, apesar de tudo o que precede, parece afinal excessivo, pois:

a) O ato avaliativo situa-se exatamente em um contexto de valorização

Jean Cardinet escreve que "a escola não deve tomar partido em relação aos dados que transmite" (1989, p. 51). Cabe ao aluno que recebe a informação utilizá-la como bem entender. O aporte de informação em retorno não pressupõe nem julgamento nem escala de valor. Ora, *de fato*, a escola já toma partido ao impor dados! Essa é a dupla arbitrariedade da ação pedagógica denunciada por Pierre Bourdieu e Jean-Claude Passeron (1970, p. 19): a ação pedagógica "é objetivamente uma violência simbólica", na medida em que é imposição de uma arbitrariedade cultural por um poder arbitrário. À arbitrariedade do ato de imposição acrescenta-se, com efeito, a arbitrariedade do conteúdo imposto. Impor um ensino de ciências matemáticas equivale *ipso facto* a valorizá-las.

b) Se há avaliação, há julgamento

É claro que devemos desconfiar do "julgamento-guilhotina" e das sentenças sem apelo. Mas, mesmo em primeira pessoa, ou o aluno se contentará em levantar informações, e haverá simples observação formativa; ou ele se pronunciará sobre seu êxito ou seu fracasso. E haverá avaliação. Toda a diferença está aí. Pronunciar-se sobre não é simplesmente observar. A avaliação não se reduz à tomada de informações; não há avaliação sem observação, mas há mais na avaliação do que na observação. Senão, poderíamos nos contentar com indicadores. A avaliação "pelo sucesso" implica capacidade de decidir sobre o sucesso ou o fracasso. Não há êxito senão em relação a um objetivo, necessariamente valorizado.

Portanto, na medida em que:

– todo objetivo implica valorização da ação (eu julgo preferível me dirigir para isso);

– todo sentimento de êxito ou de fracasso relacionam-se a critérios caracterizados por sua pluralidade (Perron e outros, 1991, p. 24-25) e por sua exterioridade em relação aos dados simplesmente observáveis;

– a especificidade do ato de avaliação é pronunciar-se sobre uma situação real observada.

Chegamos à conclusão de que não é possível avaliar sem julgar, e o problema do avaliador é não se deixar levar por uma embriaguez judicial, e fornecer as informações que permitam ao aluno julgar com conhecimento de causa: conhecimento das expectativas legítimas, conhecimento do objetivo valorizado, conhecimento de sua situação, conhecimento de suas próprias modalidades de funcionamento intelectual.

DEVE-SE... CONTINUAR A AVALIAR?

Ter, de certa forma, a preocupação de informar antes de julgar. Fazer tudo para pôr a avaliação nas mãos do aluno (avaliação em primeira pessoa). Isso não leva a pensar, finalmente, que o momento próprio da avaliação é bastante secundário? Que o essencial é esclarecer, ajudar e remediar? Que, se a avaliação cumulativa é um mal necessário, a avaliação formativa só tem interesse pelo que precede ou pelo que segue o julgamento de avaliação propriamente dito: pela coleta e análise dos dados; por todo o trabalho pedagógico que tem a ambição de permitir ao aluno que progrida (o que será chamado de remediação)? Em última hipótese, a melhor maneira de pôr a avaliação a serviço das aprendizagens não seria, senão fazê-la desaparecer totalmente, pelo menos consagrar-lhe muito menos tempo e energia, para se dedicar ao trabalho pedagógico de facilitação das aprendizagens? Essa tese foi algumas vezes defendida explicitamente. Por outro lado, parece estar presente implicitamente nas práticas mais radicais de "avaliação formadora".

Passaremos rapidamente sobre a proclamação da inutilidade da avaliação. Com certeza, inúmeros professores freqüentemente deploram que o tempo que a instituição os força a consagrar à avaliação seja tempo perdido para a atividade de ensino-aprendizagem. Observemos, primeiramente, que muitas vezes subestimamos nosso espaço de liberdade e encerramo-nos em limites criados mais por imposições fantasiadas do que reais. Quem nos condena à avaliação perpétua? Em que é proibido avaliar com discernimento? O lamento dos professores diz mais sobre um certo uso da avaliação do que sobre sua natureza ou interesse "intrínsecos". Essa deploração, em segundo lugar, só tem sentido se a atividade de avaliação for separada da atividade de ensino. Ora, essa separação não é absolutamente uma fatalidade. Ela pode, em certas condições (intenção de certificação), como vimos anteriormente, ser uma necessidade. Ninguém é obrigado a agir como se a certificação estivesse sempre em jogo. Depende do professor-avaliador comportar-se como treinador, integrando a avaliação à formação, ou como árbitro, sancionando as "faltas" dos alunos em uma ótica certificativa. A avaliação com intenção formativa é um apelo a que se articule melhor as duas atividades de avaliação e de formação, fazendo de uma o auxiliar eficaz da outra. E podem ser observados na avaliação propriamente dita (a fase observação-análise-julgamento) e no ajuste da ação ao objetivo (a fase "remediação") dois momentos de um mesmo processo global de regulação, que correspondem ao aspecto de *feedback* e ao aspecto de orientação do processo de aprendizagem distinguidos por Linda Allal (1988, p. 96). Depende da vontade dos avaliadores que essa articulação ocorra realmente, o que reforça a idéia de que a EVF não é senão uma utopia, mas legítima, e promissora.

Porém, a avaliação no sentido estrito é apenas um auxiliar da ação pedagógica. Isso significa ao mesmo tempo que ela não passa de um de seus componentes e que o importante para os professores-avaliadores é ensinar, isto é, ajudar os alunos a progredirem em suas aprendizagens. É isso que parece afirmar de modo surpreendente, ainda que implícito, a prática de avaliação formadora. Ela foi instaurada e conceitualizada por Georgette Nunziati (cf. Nunziati, 1987 e 1990 e Veslin, 1992). O qualificativo "formadora" foi proposto em 1992 por Gérard Scallon para designar um modelo de ação inventado por uma professora de letras, Georgette Nunziati, cuja genialidade pedagógica deve ser louvada. Ela conseguiu, tornar operatório de maneira particularmente inteligente, um quadro teórico forjado, de um lado, a partir de trabalhos de psicólogos russos (Glaperine, Leontiev) sobre o papel da antecipação na aprendizagem e, de outro, a partir de pesquisas universitárias de Aix-Marseille (J-J. Bonniol, René Amigues, Michèle Genthon) sobre as regulações da ação. Levando a sério a idéia de que o aluno é a pessoa mais bem situada para regular seu processo de aprendizagem, e conseqüentemente levando ao extremo a lógica da passagem de uma problemática estática (avaliar = apreender um nível de desempenho verdadeiro) a uma problemática dinâmica (avaliar = acompanhar e facilitar a aprendizagem) da avaliação, ela definiu as bases de uma prática que permite ao aprendiz, pela análise de produtos que correspondem às tarefas cardinais do ensino, apropriar-se dos critérios de realização dessas tarefas, ou seja, de suas operações constitutivas.

> Por exemplo, para resumir um texto de idéias: determinar (o tema geral, as idéias essenciais); suprimir (os elementos acessórios); conservar e depois reformular (as idéias essenciais); extrair eventualmente a idéia contida nos exemplos (Veslin, 1992, p. 75). Para resolver um problema de álgebra: determinar os dados; determinar as perguntas feitas; traduzir o enunciado em linguagem matemática; determinar os instrumentos matemáticos a utilizar; formular o problema com a ajuda desses instrumentos; fazer cálculos; verificar a coerência do resultado com o concreto (p. 91).

Com o "mapa de estudo" assim estabelecido (lista dos critérios de realização), fica fácil – e isso parece de algum modo secundário em relação à identificação do que se deve necessariamente fazer para realizar cada tarefa significativa – fazer a lista correspondente dos critérios de êxito que permitirão o julgamento da qualidade do produto final.

> Por exemplo: a determinação – está completa; a supressão – não concerne a nenhuma idéia essencial; a conservação – concerne a todas as idéias essenciais, e nada além delas, etc. Para avaliar, será preciso que o aluno tenha as duas listas. A primeira é essencial para a aprendizagem, a segunda envolve mais especificamente a avaliação no sentido estrito.

Assim, com a avaliação formadora, tudo se reordena em torno da atividade do aprendiz. A regulação externa cede lugar à auto-regulação. E a auto-avaliação torna-se a chave do sistema, "a peça mestra de todo o dispositivo pedagógico" (Nunziati, 1990, p. 57). Mas está claro que a força do dispositivo é ser pedagógico. É a preocupação de facilitar as aprendizagens que lhe dá sentido e coerência. É o primado da auto-regulação que faz da avaliação um instrumento de formação (p. 59). O essencial é auxiliar o aluno a construir para si "um bom sistema interno de orientação" (p. 53). Desse ponto de vista, a avaliação formadora é uma forma acabada de EVF.

Isto quer dizer que esta encontrou sua verdade, e que os professores que querem pôr a avaliação a serviço das aprendizagens só precisam tornar-se especialistas em avaliação formadora? Concluiremos:

– O interesse da avaliação formadora é inegável. Sempre se ganhará privilegiando a auto-regulação, facilitando a apropriação pelo aluno dos critérios de realização e dos critérios de êxito.

– Porém, há nisso uma prática pedagógica bem mais do que uma prática de avaliação. Enquanto tal, essa prática deve encontrar seu lugar dentre outras. Ela não é exclusiva e não poderia pôr um termo na busca de práticas pedagógicas sensatas e eficazes.

– No que diz respeito à atividade de avaliação propriamente dita, a análise das tarefas é um fato importante, mas não é a totalidade dessa atividade. Tudo o que a pesquisa estabeleceu permanece; não se pode supor resolvidos, por um único dispositivo pedagógico, os problemas de especificação de um referente legítimo, de construção de um referido adequado (problemas que perturbam somente pela consideração das tarefas escolares tradicionais), de comunicação pertinente, etc. Resta mostrar como o processo de avaliação escolar pode se organizar, precisamente, de modo pertinente (em relação às suas intenções, e em coerência com o que a pesquisa nos ensinou). É isso que vamos fazer na segunda parte desta obra.

Assim, essa terceira investigação, sobre três questões que foram objeto de longos debates, e conseqüentemente sobre o que se poderia designar como "as incertezas da avaliação" (Hadji, 1996), permite-nos confirmar e precisar os resultados das duas primeiras investigações. Ainda que avaliar não seja medir, e que não haja, em última hipótese, avaliação senão qualitativa, é possível, com a condição de não cometer o erro que consiste em acreditar que basta observar o real para avaliar, buscar uma maior objetividade, no que tange ao referido, na consideração de dados quantificáveis. Embora a avaliação, sobretudo com intenção formativa, deva imperativamente tornar-se informativa, ela só existe com a condição de se pronunciar sobre a adequação da realidade às expectativas. Embora o essencial, para uma avaliação com intenção formativa, seja integrar-se em um processo pedagógico, o ato de avaliação não deixa de permanecer autônomo e necessário, necessário em sua autonomia. A EVF será caracterizada por sua preocupação constante (em situação de formação) de pôr esse ato a serviço do aluno que aprende, isto é, de integrá-lo em uma prática pedagógica no seio da qual, todavia, ele não se anule.

Segunda parte
Agir

*Guia metodológico para
tornar a avaliação mais formativa*

Introdução

Graças às nossas investigações sobre o estatuto da avaliação formativa, aos progressos da pesquisa e às interrogações remanescentes, já dispomos de um certo número de pistas para a ação. Vamos reuni-las: podem ser classificadas em quatro grandes categorias. Algumas dizem respeito aos objetivos da prática avaliativa; outras, às modalidades dessa prática; outras ainda, às suas condições técnicas; outras, enfim, à deontologia do trabalho do avaliador.

1) Do ponto de vista dos *objetivos da prática avaliativa,* compreendemos:

– que se devia privilegiar a auto-regulação;

– desvinculando, na medida do possível, o escolar do social;

– pela designação e pela explicitação do que se espera construir e desenvolver através do ensino;

– de maneira que o aluno perceba o "alvo" visado;

– aproprie-se tanto dos critérios de realização quanto dos critérios de êxito... e esteja em condições de julgar sua situação com conhecimento de causa;

– tornando-se o professor capaz de fundamentar as remediações feitas sobre os diagnósticos elaborados (embora não haja causalidade linear do diagnóstico à remediação);

– e de diversificar sua prática pedagógica, por meio de um aumento de sua "variabilidade didática".

2) Do ponto de vista das *modalidades da prática avaliativa,* compreendemos:

– que o professor não devia autolimitar sua criatividade e sua imaginação;

– que devia ter a preocupação de falar "correta" e pertinentemente;
– privilegiando avaliações em segunda, até mesmo em primeira pessoa.

3) Do ponto de vista das *condições técnicas da avaliação*, compreendemos:
– que se tratava de relacionar de maneira coerente o exercício de avaliação ao objeto avaliado;
– de explicitar os exercícios;
– de especificar o sistema de expectativas e os critérios;
– de não se afogar em um mar de observáveis;
– ampliando, entretanto, o campo das observações a fim de tornar a avaliação mais informativa.

4) Do ponto de vista da *deontologia do trabalho do avaliador*, compreendemos que este tinha o dever:
– de jamais se pronunciar levianamente (dever de prudência);
– de construir um "contrato social", fixando as regras do jogo (dever de clareza);
– de despender tempo para refletir e identificar o que julgava poder esperar dos alunos (dever de reflexão prévia);
– de desconfiar, a esse respeito, do que parece ser evidente (dever de distanciamento, ou de desconfiança);
– de enunciar os valores em nome dos quais se tomava decisões (dever de transparência);
– de não se deixar levar por uma embriaguez judiciária (dever de reserva ou de retenção).

A avaliação se tornará formativa se integrar tudo isso. Não seria pedir muito? E como fazer isso concretamente?

No que refere-se à primeira pergunta, podemos dizer que, de fato, o conjunto dessas pistas representa um nível de exigências relativamente alto. Porém, afirmar que fazer avaliação formativa é fácil seria contradizer a realidade. Nada é fácil. Devido ao que compreendemos da atividade de avaliação, torná-la formativa exigirá muita lucidez, inventividade e tenacidade. Mas o que está em jogo é a virtude, tanto quanto o saber, ou a competência técnica. Com efeito, o modelo ideal de EVF que se revela nas análises anteriores é, afinal, como modelo operatório, relativamente simples. A EVF implica, para o professor, quatro grandes condições (correspondentes às quatro grandes categorias de pistas que acabamos de distinguir):

> – *condição 1*: ter sempre o objetivo de esclarecer os atores do processo de aprendizagem (tanto o aluno como o professor);
>
> – *condição 2*: recusar limitar-se a uma única maneira de agir, a práticas estereotipadas;
>
> – *condição 3*: tornar os dispositivos transparentes;
>
> – *condição 4*: desconfiar dos entusiasmos e dos abusos de poder.

Assim ocorre com a EVF e com a moral, segundo Alain.* Não há verdadeiramente incerteza sobre os princípios. O difícil é "praticar individualmente". Que cada um comece!

Quem não perder de vista essas quatro condições, verá que a avaliação com intenção formativa é uma questão um tanto difícil, é verdade, mas não realmente complicada. Trata-se menos de se tornar um especialista, no plano técnico, do que velar para jamais perder de vista o rumo e o sentido da atividade. Acerca disso, pode-se observar que as interrogações remanescentes, cujo balanço fizemos no Capítulo 3 da primeira parte, não diziam respeito a questões de métodos ou de técnicas, mas de sentido.

Resta a segunda pergunta. Pode-se, de fato, tornar essas pistas mais concretas, tentando dotar o leitor não de uma tecnologia da EVF, o que contradiria o que dissemos até agora, mas de algo que seria uma espécie de guia metodológico para tornar a avaliação mais formativa. Para isso, propomos como fio condutor para as quatro (ou cinco) grandes tarefas que o avaliador é concretamente obrigado a realizar (Hadji, 1992, p. 153 e seguintes) e que constituem de algum modo os critérios de realização de sua atividade: desencadear (comportamentos a observar/interpretar); observar/interpretar (esses comportamentos); comunicar (os resultados de sua análise e sua apreciação final); remediar (as dificuldades analisadas).

---

* N. de T. Referência ao ensaísta e filósofo francês Émile-Auguste Chartier (1868-1951).

4 Agir desencadeando de maneira adequada

A QUESTÃO DO DISPOSITIVO

Poderá parecer curioso, depois de tudo o que dissemos sobre a necessidade de construir primeiramente e de comunicar um referente, começar a análise da ação pelo nível da escolha dos exercícios. Entretanto, poderemos observar que:

a) Concretamente, para o profissional em atividade, avaliar significa em primeiro lugar escolher exercícios, provas, aos quais submeter os alunos. Quando um professor interroga-se sobre a maneira como poderá apreciar os conhecimentos de seus alunos, encontra-se diante de uma primeira escolha: avaliação oral ou escrita? É a questão das condições do "teste" que surge primeiramente. Construir um dispositivo de avaliação consiste precisamente em determinar essas condições. Trata-se de dizer sobre o que será a avaliação, quando ocorrerá, o tempo que lhe será concedido, as tarefas que o aluno deverá realizar, o tipo de atuação que será levado em conta, o suporte privilegiado (escrita ou fala), etc. O dispositivo no sentido próprio articula, portanto, modalidades determinadas de "observação" do comportamento do aluno (Hadji, 1989, p. 148-149). Desta forma, devemos abordar concretamente essa questão do dispositivo. Ainda que a avaliação formativa não se limite *a priori* a nenhum dispositivo (desse ponto de vista, não há nenhum dispositivo modelo, infalivelmente adequado), toda avaliação instituída exige um dispositivo mais ou menos elaborado.

Toda avaliação instituída: para o professor que quer multiplicar as ocasiões de se informar, é certamente possível, e até mesmo desejável, avaliar por observação do comportamento "natural" do aluno em aula. É sobre essa avaliação, tão contínua quanto espontânea (p. 12) que se baseia a intuição tão prognóstica dos professores (p. 47). Contudo, como essa avaliação não é instrumentalizada, nada se pode dizer das condições do "desencadeamento" do comportamento a observar. Esse problema está de fato resolvido, pois a atenção seletiva do professor só exerce-se judiciosamente nos momentos mais "informativos". Todavia, mesmo que, no dia-a-dia, haja uma avaliação não-instrumentalizada que pode revelar-se muito útil e... formativa, ela só o é, primeiramente, para o professor que observa e aprecia, e não diretamente para o aluno, salvo quando o professor comunica-lhe o resultado de suas observações. Em segundo lugar, a apreciação instrumentalizada é para o professor uma exigência incontornável, no mínimo por razões de ordem administrativa. Não podemos, pois, recuar diante da tarefa que consiste em dizer como se pode colocar a serviço de uma intenção de avaliação formativa esse momento da determinação das condições do desencadeamento do comportamento a observar.

b) Levantar a questão do dispositivo não nos afasta do problema da construção do referente. Com efeito, em sua forma reduzida, o dispositivo é constituído pelo exercício de avaliação: o problema a resolver; o tema da dissertação, etc. Como escolher pertinentemente esses exercícios? Uma maneira de fazê-lo, que tem sua pertinência, é buscar em um banco de instrumentos. A direção da Avaliação e da Prospectiva do Ministério da Educação, na França, esforçou-se, a partir de 1990, para oferecer coletâneas de exercícios adequados aos professores (com o título geral: *Aide à l'évaluation des élèves* [Auxílio à avaliação dos alunos]). Este é, certamente, um conjunto de instrumentos muito preciosos, oferecendo um "auxílio modulável".

Na falta disso, ou paralelamente, o professor poderá buscar nos anais de exames... se trabalhar com uma turma que se prepara para um exame. Em ambos os casos, ele se poupará do trabalho de construção... e de validação da prova. Não se pode contestar essa prática, na medida em que (I) faz o professor ganhar tempo e (II) nos dois casos os exercícios se beneficiam de um validação institucional prévia: aquela das comissões de escolha de temas de exames, ou então aquela das equipes constituídas pela DEP, cujo longo e minucioso trabalho merece ser plenamente julgado... e explorado! Mas o profissional que tem a ambição de colocar a avaliação a serviço de seus alunos tem aqui o dever de compreender como se pode efetuar de modo pertinente esse trabalho de construção de exercícios. Disporá, assim, de um eixo metodológico para construir, por sua vez, um dispositivo que esteja a serviço da ambição formativa.

De fato, a escolha dos exercícios é o último momento de um processo que poderíamos resumir da seguinte maneira, sob a forma de quatro grandes regras, antes de ilustrá-lo por meio de procedimentos efetivamente executados por pesquisadores e/ou analistas.

Determinar as questões que devem ser respondidas por meio da avaliação

A avaliação só é formativa se for informativa. E só é informativa se responder a perguntas! O que se deve saber sobre o "objeto" avaliado? Se ele é capaz de... (fazer o quê? Será preciso determinar isso?). Se compreendeu (o que exatamente?). Se sabe, se sabe fazer, se sabe ser... (o quê?). Com efeito, não há avaliação sem pergunta feita à realidade. Construir o objeto de avaliação é dizer, antes de mais nada, sobre o que se dá o questionamento, e sobre o que se deverá coletar informações. Designar, portanto, o saber, o *savoir-faire*, o saber-ser; a competência, a capacidade, a habilidade, etc., sobre o que se questiona. É essa interrogação que designa (e cria) o objeto da avaliação. O avaliador deverá então, com todo o rigor, expressar essa interrogação.

> Por exemplo: "Quero saber se estes alunos do ciclo de aprofundamento são capazes de explorar um documento"; ou "de imaginar uma montagem experimental para responder a um problema"; ou "de compreender uma montagem elétrica"; ou "de correlacionar documentos e analisá-los"; ou "de ler um documento histórico"; ou "de ler e de utilizar a legenda de um mapa", etc.
>
> "Quero saber se estes alunos de primeiro ano profissionalizante são capazes de compreender o sentido literal de uma mensagem"; ou "de extrair sua especificidade"; ou "de produzir uma mensagem eficaz"; ou "de compor frases simples", etc.
>
> Porém, se tudo começa por essas perguntas, de onde elas vêm? É muito simples: elas especificam os objetivos do ensino, que se deve portanto ser capaz de identificar através dos programas e das instruções oficiais. A cidade está no programa de geografia: o que esse conteúdo pode trazer aos alunos? O conteúdo é uma ocasião para aprender: o quê? Além dos (necessários) saberes declarativos, toda uma série de saberes procedurais pode ser visada: saber utilizar referências geográficas; saber calcular uma distância com o auxílio de uma escala gráfica, etc.
>
> Especificar as questões da avaliação leva então a expressar ou a traduzir conteúdos em termos de objetivos de ensino: os saberes declarativos ou (melhor) procedurais, cuja aquisição se quer apreciar, correspondem à mesma quantidade de objetivos precisos. Sem querer voltar à questão, hoje um tanto obsoleta, da vantagem e dos limites de uma "pedagogia por objetivo" (PPO), é preciso ver que essa entrada pelos objetivos tem o grande mérito de forçar o professor a se colocar, precisamente, em uma perspectiva pedagógica; ou seja, interrogar-se sobre o que se propõe a auxiliar o aluno a construir, e que será então verdadeiramente objeto de ensino e, posteriormente, de avaliação. Em outras palavras: atribuir todo seu lugar a essa primeira etapa do processo de construção do dispositivo pode e

deve ter conseqüências benéficas não somente para a tarefa de avaliar, mas também para a de ensinar. Resolvem-se dois problemas de uma só vez. Há tanto a ganhar, e tão pouco a perder, especificando as questões...

Determinar (eventualmente) as decisões que podem ser tomadas após a avaliação

Essa regra apóia-se no fato, ressaltado por Stufflebeam e outros (1980), entre outros, de que a avaliação tem freqüentemente a função de preparar uma tomada de decisão, esclarecendo aquele que decide. Nós também observamos (p. 15) que a vontade de colocar a avaliação a serviço das aprendizagens podia traduzir-se em decisões de ordem didática, proporcionando uma maior variabilidade da prática docente. Se, portanto, uma decisão deve efetivamente ser esclarecida pela avaliação, deve-se considerá-la para orientar a busca de informações úteis.

> Por exemplo, quando se trata de preparar a constituição de grupos de trabalho baseados em necessidades específicas, a avaliação deverá esclarecer o professor sobre os principais problemas encontrados pelos alunos. Será então necessário buscar exercícios capazes de revelar as fragilidades específicas dos alunos em relação às dificuldades típicas (por exemplo: regras ortográficas, regras gramaticais, vocabulário, encadeamento de frases).

Estabelecer os espaços de observação

Essa regra situa-se na continuidade direta da primeira. Cada objetivo identificado designa "naturalmente", um espaço de observação. Trata-se simplesmente de precisar bem esse espaço, que define concretamente a natureza, a dimensão, o aspecto do ou dos comportamentos a observar. Poder-se-ia dizer que cada objetivo operacional ou cada competência especificada designa tal "espaço".

> Por exemplo: quero saber se o aluno é capaz de situar-se no espaço. Em que condições deverei observá-lo para isso? Quando ele deve enfrentar problemas de orientação (primeiro espaço de observação); quando deve utilizar escalas (espaço 2); quando precisa localizar conjuntos geográficos (espaço 3) (MEN, DEP, *Évaluation à l'entrée en seconde générale et technologique, histoire et géographie, setembro de 1993*). Cada "espaço de observação" corresponde a uma classe típica de comportamentos/problemas. Para estabelecer esses espaços, deve-se fazer a lista das situações problemáticas carac-

terísticas que colocam em jogo o que foi designado como objetivo/objeto de aprendizagem. Assim (segundo exemplo), ao objetivo/objeto *"situar-se no tempo"* poderão corresponder quatro espaços de observação, correspondendo a quatro séries de comportamentos característicos (MEN, DEP, 1993): datar fatos, situar fatos; apreender durações diferentes; estabelecer as etapas de uma evolução.

Escolher, enfim, os instrumentos de coleta de dados

No eixo das análises anteriores, trata-se de exercícios de avaliação (ou itens). O exercício transforma em problema preciso o que anteriormente chamamos de situações problemáticas características. Para cada situação, um ou vários exercícios poderão ser escolhidos.

Por exemplo: situação problemática: orientar-se no espaço. Exercícios: 1. Em um mapa, pintar o círculo polar antártico (problema preciso: utilização de referências geográficas). 2. Situar uma cidade em relação a uma outra utilizando os pontos cardeais (problema: conhecimento procedural da rosa dos ventos). 3. Dar as latitudes de um país (problema: utilização das coordenadas geográficas (MEN, DEP, 1993).

O esquema de construção do dispositivo poderia ser representado como segue:

Eu quero saber se...	A fim de (eventualmente) decidir que...
e, para tal, devo observar isto...	...da seguinte maneira (graças a este exercício, ou estes exercícios)
espaço nº 1	.... item 1 .... item 2 .... item 3
espaço nº 2	....

A NECESSÁRIA ARTICULAÇÃO OBJETO-EXERCÍCIOS

O vocabulário que acabamos de utilizar não está definitivamente estabilizado. Falamos de objetivos, de competências, de saberes, de situações problemáticas, de exercícios, de itens. Para alguns, os objetivos são muito gerais (por exemplo: compreender uma mensagem oral). Para outros, o termo se aplica a "componentes avaliados", o que chamamos de "problemas precisos" (por exemplo calcular uma distância com uma escala). Essas flutuações de vocabulário são certamente desagradáveis. Todavia, o prejuízo concreto não é muito grande, e é perfeitamente possível, apesar da incerteza inerente às flutuações semânticas, situar-se nele, nunca perdendo de vista o essencial, que é articular conteúdos sobre a aquisição dos quais há um questionamento com exercícios capazes de informar sobre essa aquisição.

Todos aqueles que se debruçaram seriamente sobre o problema da construção e/ou da escolha dos exercícios/desencadeadores perceberam essa necessidade de seguir linhas de coerência que vão dos objetivos/objetos aos instrumentos. Tomemos quatro exemplos, muito esclarecedores.

1 – Em 1985, o CRDP de Amiens publica, sob a direção de Michel Fauquet, um interessante documento de reflexão e de propostas sobre o tema *Pedagogia por objetivos. Renovação.* Tratava-se de oferecer pistas e instrumentos de trabalho aos professores secundários de diferentes disciplinas. Todas as análises são conduzidas de acordo com um "procedimento comum" (Fauquet, 1985, p. 7):

a) Análise e explicitação dos objetivos contidos nos textos oficiais. O objetivo dessa primeira fase é fixar, para cada classe, um conjunto coerente de objetivos claramente definidos, que poderá, para o professor, desempenhar o papel de "projeto pedagógico".

b) Redação de objetivos operacionais. Essa etapa, advertem os autores, é necessária simultaneamente para o ensino e para a avaliação, o que vem ao encontro do que dissemos anteriormente. O operacionalização precisa da atividade proposta ao aluno, as condições dessa atividade, as exigências a satisfazer para chegar a bom termo nessa atividade (o que a avaliação formadora chamará de critérios de realização).

c) Determinação dos grandes tipos de atividades que podem ser propostas aos alunos e que correspondem a capacidades (por exemplo: reconhecer, organizar, realizar). De fato, os autores constataram, de um lado, que as atividades propostas podiam ser reagrupadas em apenas alguns grandes tipos e, de outro, que algumas das capacidades assim definidas eram transversais e se encontravam em disciplinas diferentes.

d) Construção de quadros de avaliação determinando, para cada capacidade, níveis de dificuldade. Esses quadros possibilitam imaginar e propor exercícios de dificuldade gradativa, e constituem para os alunos, por outro lado, uma grade que permite reportar os resultados das avaliações. Para os autores, o "método" assim operacionalizado é essencial e constitui um fator inegável de renovação, tanto para a pedagogia quanto para a avaliação. É esse mesmo método ou procedimento, exatamente como aqueles extraídos dos exemplos seguintes, que encorajamos os professores a pôr em prática, se possível trabalhando em equipe.

As análises e os quadros do volume *Pedagogia por objetivos* poderão servir de suporte para esse trabalho. Mas o mais importante é efetuar individualmente um trabalho desse tipo, no que diz respeito a cada disciplina. Apenas a título de ilustração, propomos as duas "*linhas de coerência*" seguintes (extraídas do trabalho de Michel Fauquet e outos.).

Em língua materna: objetivo: dominar uma noção gramatical → objetivo operacional: reconhecer, assinalando-os nos textos definidos, todos os elementos que pertencem a uma mesma categoria → capacidade: reconhecer → nível 1: restituir definições de memória → nível 2: identificar os elementos correspondentes em um texto → nível 3: utilizar as regras gramaticais na produção de um texto.

Em língua estrangeira: objetivo: compreender uma mensagem escrita → objetivo operacional: reconhecer (designar, sublinhar, circular) uma palavra ou estrutura conhecidas em um novo texto → capacidade: reconhecer → nível 1: sublinhar uma palavra → nível 2: sublinhar palavras chaves → nível 3: sublinhar articulações → nível 4: extrair elementos estilísticos.

2 – Em abril de 1987, o Ministério da Educação realiza uma operação de avaliação do francês em turmas de penúltimo ano do secundário sobre uma amostra de 33 escolas, de sete academias, publicada em janeiro de 1988. O "procedimento" executado, tal como apresentado pelos autores do trabalho, consistiu em: exprimir, a partir das instruções oficiais, os objetivos gerais em termos de atividades observáveis; precisar as condições nas quais essas atividades deveriam se manifestar; definir os critérios permitindo apreciar o alcance dos objetivos; escolher provas frente a cada atividade. Obtém-se assim a "linha de coerência": objetivo geral: saber ler textos literários de tipos diferentes (narrativo, poético, argumentativo) → objetivo: compreender um texto literário → atividade observável: analisar a coerência de um texto → analisar o funcionamento de um texto pela observação de seus elementos constitutivos a fim de apreender sua coerência → exercício constituído de questões sobre um determinado texto. Deve-se ressaltar aqui, mais uma vez, a vontade de transformar objetivos que expressam as grandes intenções da

atividade de ensino em comportamentos que poderão ser observados, e que designam assim o objeto da avaliação (foi por essa razão que falamos de objetivo/objeto) e aquela, correlata, de encontrar os exercícios mais adaptados a cada um dos objetos assim definidos.

O essencial do que se deve compreender acerca da tarefa que consiste em desencadear um comportamento observável está aí: o desencadeador não é escolhido arbitrariamente, ao acaso, ou simplesmente em função de uma rotina. É sua relação com uma intenção de ensino que lhe dá validade. Essa intenção, cuja realização se deve apreciar, corresponde justamente, o leitor já terá compreendido isso há muito tempo, ao referente da avaliação. Os exercícios, que vão permitir construir o referido da avaliação, só têm sentido e interesse em relação a esse referente.

3 – Em 1989, Jean Daniau consagra um trabalho interessante à *Avaliação dinâmica na escola elementar*. Também ele propõe um "procedimento de construção dos instrumentos de avaliação" (Daniau, 1989, p. 128). Esse procedimento começa pela elucidação dos objetivos a avaliar e das competências a revelar, que serão o "objeto" da avaliação (por exemplo: compreender o sentido de um texto lido). É então possível dedicar-se a definir um "método de observação dos comportamentos" (p.128), o que implica determinação de "indicadores" (a partir dos quais se verá que...; por exemplo: o aluno sabe reordenar elementos de texto apresentados desordenadamente). Depois, imaginam-se "técnicas destinadas a *provocar* (o grifo é nosso) no aprendiz os comportamentos observáveis" (p.128.) (por exemplo: o aluno será confrontado a uma prova escrita). Enfim, submeter-se-á o aluno a exercícios concebidos como "procedimentos" que permitem "quantificar os comportamentos" (p.128.). É verdade que se pode contestar a distinção método/técnica/procedimento, nos termos utilizados. A escolha da "técnica" é aquela da modalidade de observação; o "indicador" corresponde ao comportamento observável; e o exercício é o desencadeador no sentido próprio (o que provoca o comportamento observável). O essencial, porém, está na linha geral de coerência:

objetivos → objeto/observável → exercício

4 – Sabe-se que há vários anos a DEP dedica-se com sucesso a avaliar o sistema educativo francês, fazendo, em particular, "avaliações diagnósticas de massa" (Thélot, 1994, p. 18), de classes de CE2, de 6ª e de 2ª.* O "proto-

---

* N. de T. Terceira série do ensino primário, primeira do primeiro ciclo secundário e primeira do segundo ciclo secundário respectivamente.

colo" sobre o qual repousam essas avaliações deve ser *"irrepreensível e pertinente"* (p. 19). De onde pode vir, particularmente, a pertinência? A resposta é clara: da articulação aos objetivos dos ciclos envolvidos. Claude Thélot descreve então um procedimento geral compreendendo três grandes fases (construção do desencadeador; coleta de informações; análise dos resultados). A primeira etapa é capital para nossa proposta. A construção do protocolo é assim descrita: seleção, nos referenciais de ciclo, das *capacidades gerais a avaliar*, que serão especificadas em *competências* mais precisas, depois declinadas em *componentes avaliáveis*. Por exemplo, em língua materna (avaliação de 1994, primeiro ano do secundário): capacidade: produzir uma mensagem escrita → competência: produzir um texto pertinente → componente avaliado: introduzir e concluir (entrar no assunto, concluir explicitamente o texto). Em matemática (1994, primeiro ano secundário profissionalizante): capacidade: informar-se (analisar) → competência requerida: buscar a informação → componente avaliado: diferenciar abcissa e ordenada em um gráfico. Vemos que será então relativamente fácil, e esta é a última etapa do protocolo, escolher "exercícios articulados aos componentes avaliáveis" (Thélot, 1994). Assim, é exatamente a linha geral do "processo de elaboração", ou seja, "capacidades-competências-componentes-exercícios", que é fundamental.

Desses quatro exemplos de procedimentos que terminam pela construção de exercícios/desencadeadores, podemos reter que:

a) O essencial é situar-se em um procedimento que vai das intenções (os objetivos) aos instrumentos. Somente no âmbito de tal conduta os exercícios poderão encontrar sua validade ou sua pertinência.

b) Nessa linha de conduta, uma tarefa fundamental (critério de realização da construção do desencadeador) é determinar os comportamentos que se deverá observar em função dos objetivos perseguidos no plano pedagógico. São esses comportamentos que determinam os "espaços de observação", quer sejam designados como grandes tipos de atividades ou capacidades (Fauquet), atividades observáveis (MEN, 1988), competência a revelar (Daniau), ou competências requeridas (Thélot).

c) A preocupação constante que preside a essa conduta, do ponto de vista da busca de exercícios desencadeadores, é articular os exercícios de avaliação ao objeto avaliado.

d) Essa conduta pode, certamente, ser realizada de modo solitário; mas pode ser mais fecunda se executada na base de um grupo de trabalho. O trabalho de colegas constitui, de fato, um lugar de trocas, de distanciamento e de confronto, permitindo a esse trabalho que se efetue nas melhores e mais frutíferas condições.

e) Finalmente, reencontramos aqui a articulação fundamental referente/referido. A escolha do que será observado dependerá fundamentalmente, sob pena de tirar todo sentido da atividade de avaliação, das expectativas referentes aos alunos. Os procedimentos ou métodos supracitados trazem assim respostas operatórias à questão da construção do referente, em uma perspectiva didática (dos conteúdos de ensino aos objetos a avaliar).

A TAREFA, COMO DESENCADEADOR PRIVILEGIADO

Até agora utilizamos de modo geral o termo exercício para designar concretamente o instrumento que exerce a função de desencadeador. O próprio de um exercício é ser *ad hoc*. O exercício tem sempre um caráter um pouco artificial. Com freqüência é curto e relativamente fragmentário. Não se corre o risco, com essa artificialidade, de desencorajar os alunos, levando ao tédio e ao cansaço? Por outro lado, buscando demasiadamente a pertinência no trabalho de determinação de linhas de coerência que acabamos de descrever, não se corre o risco, devido a uma fragmentação excessiva, de fazer com que o sentido da atividade proposta desapareça aos olhos dos alunos? Questionando-nos assim, demo-nos conta de que o desencadeador devia obedecer não somente a uma exigência de *pertinência*, mas também de *significância*. Esta foi buscada no atrativo intrínseco do exercício, uma dimensão atraente sendo em si um fator de motivação e, portanto, de interesse. Mas também – essa segunda dimensão podendo precisamente acarretar a primeira – na globalidade de uma tarefa tendo um mínimo de complexidade. Por essa razão, hoje considera-se que a tarefa pode ser um desencadeador adequado para uma avaliação com intenção formativa. E isso não somente porque, podendo provocar um melhor engajamento do aluno na prova de avaliação, ela permite mais chances de observar suas reais capacidades e competências. Com certeza, tanto quanto o não-domínio dos saberes sociais necessários para decodificar a situação de "exame", a relutância a se engajar em um exercício considerado muito artificial ou pouco atraente pode ser uma causa de fracasso não negligenciável, atribuindo-o erroneamente à ausência de uma competência cognitiva. De outra forma, também porque a prova de avaliação pode, nessas condições, também ter valor formativo.

Uma tarefa é um trabalho determinado, com vistas a um produto final que constitui um objeto que tem sua própria consistência, caráter que o mero exercício não apresenta realmente. Assim, resumir um texto, fazer um relatório científico, realizar uma montagem audiovisual constituem tarefas reconhecíveis em sua autonomia e em sua complexidade. De um ponto de vista dinâmico, a tarefa (na medida em que deve ser efetuada) representa um sistema de imposições. Esse sistema vai mobilizar os recursos (cognitivos, mas também energéticos e afetivos) do aprendiz que se depara com ela para que possa realizar a instrução de ação. O enunciado da tarefa vai determinar o que há a fazer: objetivo do trabalho (natureza da produção visada); material disponível; condições de realização. Ele é constituído, de fato, pelo conjunto das indicações dadas aos alunos, se possível sob forma de "ficha de tarefa" (cf. Hadji, 1989, p. 171).

A análise da tarefa, procedimento privilegiado pela "avaliação formadora", deveria ser no mínimo efetuada pelo avaliador que não quer mais avaliar às cegas e deseja, ao mesmo tempo, por meio dessa análise, encontrar o meio de esclarecer e guiar o trabalho de aprendizagem dos alunos (dotando-se desse modo de um instrumento que lhe permita, por exemplo, situar os erros deles). Porém, colocada nas mãos dos próprios alunos, ela pode constituir, como mostrou a prática de avaliação formadora, um instrumento insubstituível a serviço primeiramente da aprendizagem e, ao mesmo tempo, da auto-regulação e da auto-avaliação pelo aluno. Analisar a tarefa é evidenciar o que se poderia chamar de sua arquitetura, em torno de quatro dimensões fundamentais.

a) O alvo

O alvo ou objetivo da tarefa corresponde ao produto almejado. Essa produção será o resultado material da atividade desenvolvida pelo sujeito. É claro que a realização do produto depende inicialmente da representação do alvo, que implica situar o "problema" pontual proposto pela tarefa em uma classe de problemas (demonstrar; construir uma história; imaginar a seqüência de uma narrativa, etc.). A representação do alvo permite então relacionar uma tarefa concreta (por exemplo, reordenar as frases constitutivas desse texto) a um tipo de tarefa (reconstituição de texto). Desse ponto de vista, familiarizar os alunos com os principais tipos de tarefas, oferecer-lhes um bom conhecimento das diversas categorias de problemas, os ajudará a construir uma base de orientação adequada. Pode-se efetivamente (Nunziati, 1990, p. 51) distinguir, em qualquer ação que apresente um mínimo de complexidade, cinco fases: representação do alvo; antecipação (sobre o procedimento, sua regulação, seus resultados); planejamento (escolha de uma estratégia); execução; controle. As três primeiras fases fazem parte da orientação da ação. Traduzem-se pela "construção" de uma base de orientação que poderá ser mais ou menos adequada, pois mais ou menos completa, e racional. Essa base de orientação coloca em jogo, além da representação do alvo a alcançar (implicando, portanto, o reconhecimento de uma classe de problemas), conhecimentos especificamente mobilizados (os saberes necessários para resolver o problema), e uma percepção correta das condições de realização da tarefa (p. 54).

b) Os critérios de realização

Se a representação correta do alvo fixado é a primeira condição do êxito, ela não é, portanto, senão um dos elementos que permitem construir uma base de orientação adequada. Um outro elemento essencial fornecido pela análise *a priori* (isto é, a análise anterior à ação, tomando por objeto produtos já realizados por outros) será constituído pelos critérios de realização, ou procedimentos das tarefas. Como bem sabemos, eles representam as ações ou operações constitutivas de cada tarefa escolar específica. Por isso, são designados como "regras" a respeitar, procedimentos fixos e característicos, conjuntos de atos concretos almejados, invariantes constitutivas. Para Georgette Nunziati, esses critérios são, por um lado, inerentes à tarefa, que definem objetivamente, de certa forma, mas também dependem de outros fatores que os tornam mais relativos como, por exemplo, os objetivos a longo prazo, as condições de realização, os modelos didáticos de referência e os valores próprios ao professor/avaliador. Estes últimos fatores podem influenciar fortemente a hierarquização dos critérios de realização: não será dada a mesma importância a este ou aquele "aspecto" da tarefa, o que pode em grande parte explicar, através da construção de tabelas implícitas, a pequena operatividade das tabelas oficiais, e a importância das divergências anteriormente lamentadas. Sabe-se que o mapa de estudos, "ferramenta central no dispositivo de avaliação formadora" (1990, p. 54), identificará, entre outros, no eixo da categoria de ação envolvida, e levando em conta o "motivo" da tarefa (razão pela qual o avaliador propõe precisamente essa tarefa: o que ele quer "verificar" exatamente?), os critérios de realização identificados graças à análise *a priori* da tarefa.

> Assim, para uma tarefa de atualização de um texto narrativo, os critérios de realização poderiam ser: *conservar* (os possíveis narrativos; os elementos constitutivos), *transpor* (o esquema narrativo); *modernizar* (os lugares, os personagens); *traduzir* a forma de expressão do texto. Em Veslin (1992) encontraremos preciosos exemplos disso.

No entanto, devemos compreender bem que o essencial é:

– Em um contexto pedagógico (auxílio à aprendizagem), que os próprios alunos façam essa análise. Para eles, aí está uma chave fundamental para o êxito. Foi por essa razão que dissemos que a avaliação formadora é primeiramente uma pedagogia.
– Em um contexto de avaliação, que o próprio avaliador tenha feito essa análise para saber o que se pode legitimamente esperar dessa tarefa. A explicita-

ção dos critérios de realização é, neste caso, a operação central da construção do referente.

c) Os critérios de êxito

Eles fixam os limiares de aceitabilidade para os resultados das operações que correspondem aos critérios de realização. Os limiares poderão ser determinados considerando a pertinência do resultado (por referência ao tipo de tarefa em jogo); sua completude, sua exatidão; sua originalidade e, enfim, precisa Georgette Nunziati (1990, p. 56) o "volume dos conhecimentos e das idéias" em questão. A determinação dos critérios de êxito exige que o avaliador saiba o que queria "verificar" por intermédio dessa tarefa (o que descrevemos como a especificação do objeto de avaliação), e que diga concretamente através do que se verá que o produto é aceitável. Aqui, a ambigüidade não é mais permitida. Mas nem por isso a determinação dos critérios de êxito é uma operação desprovida de ambigüidade. Essa ambigüidade já se encontra na utilização do próprio termo critério. O fato de se utilizar o mesmo termo (critério) para designar critérios de realização e critérios de êxito é o indicador de uma confusão possível tanto para os avaliadores... como para os pesquisadores, qualquer que seja seu nível de especialização. Para que tudo fique bem claro, poder-se-ia então distinguir, retomando e ampliando as análises anteriores:

– *O critério de avaliação* (no sentido amplo), muito bem definido por Gérard Scallon (1988) como "um ponto de vista a partir do qual uma obra, um produto ou um desempenho são avaliados" (p. 187). A expressão "ponto de vista" é totalmente adequada para lembrar que avaliar significa pronunciar-se sobre, que isso exige que se aborde um objeto a partir de uma questão, examinando-o em função de uma certa expectativa, e que, conseqüentemente, os critérios de avaliação são sempre relativos (a essa expectativa), o que levanta a questão de sua legitimidade, jamais evidente. Na presente seção, tratamos de algum modo de sua legitimidade didática, sem prejulgar os outros aspectos.

– *O critério de realização*, definindo um componente essencial da tarefa a ser avaliada. Desse ponto de vista, ele é mais "objetivo" que o critério no sentido amplo, já que corresponde a uma operação fundamental para quem realiza a tarefa.

No exemplo da fabricação de um porta-cartas analisado longamente por Gérard Scallon, poder-se-iam distinguir três critérios de realização: medir; moldar; reunir. Cada uma dessas operações corresponde, escreve ele, a uma "rubrica" sob a qual foram agrupados "critérios" mais pontuais (1998, p. 167). Por exemplo, para a "rubrica" reunir: alinhamento das peças verticais;

fixação das peças verticais sobre a base; posição dos pregos; profundidade dos pregos.

– *Os acontecimentos que podem ser constatados no real*. Cada critério pontual, que representa um ponto de vista sobre o objeto (Gérard Scallon fala de "janela" através da qual a produção é examinada), designa ao mesmo tempo uma parte ou uma dimensão do real a observar.

Poder-se-á, por exemplo, observar: o desalinhamento eventual entre as peças verticais; a centralização das peças verticais sobre a base; a posição dos pregos em relação ao centro das peças; a profundidade dos pregos na madeira. Esses observáveis, que correspondem em sentido estrito aos "indicadores" da avaliação, poderão ser reunidos em uma lista, que Gérard Scallon chama de "lista de verificação", a qual constituirá a grade de leitura avaliativa do objeto. Exemplo: no objeto realizado, as peças verticais estão bem alinhadas; bem centradas na base; os pregos foram pregados sem rachar as peças; as marteladas não são aparentes.

– *O critério de êxito*, que se desdobra. Deve-se precisar de que ponto de vista se aprecia o êxito: por exemplo, a exatidão ou a originalidade da produção (cf. *supra*); ou então a impressão esteticamente produzida (sem dano físico aparente). Aqui, mesmo que certos critérios sejam mais lógicos do que outros (apreciar a exatidão de uma mensuração, a precisão de um corte), existe entretanto uma parcela de arbitrariedade em toda escolha de critérios de êxito. Deve-se dizer a partir de quando se considera que, do ponto de vista do critério de êxito nesse sentido, e para o observável considerado, é bem-sucedido. Para escapar às apreciações subjetivas, deve-se estabelecer limiares de exigência. E "não é fácil decidir isso", escreve Gérard Scallon (1988, p. 175). Nem quando são quantitativos (contagem de freqüência de elementos julgados positivos ou negativos; por exemplo, tantas peças exatas por milímetros), nem qualitativos (por exemplo: o polimento é bemfeito). Sempre há também um pouco de arbitrariedade no estabelecimento dos limiares de êxito.

d) As condições de realização

Essas condições constituem, para Georgette Nunziati, a última série dos elementos em jogo na base de orientação. Podem-se distinguir condições externas (tempo concedido; utilização possível de documentos; amplitude do produto esperado; trabalho individual ou em pequenos grupos), e condições internas (conhecimentos mobilizados, variações em relação aos procedimentos prototípicos, particularidades do problema a tratar em relação à tarefa geral). Especificar as condições internas possibilita ao aluno situar o trabalho solicitado em relação a um modelo geral. Uma boa análise das condições internas, que implica identificação da tarefa prototípica, e a percepção das particularidades da tarefa especificamente proposta pelo avaliador, é, assim, uma das condições determinantes do êxito. A ficha da tarefa deverá esclarecer as condições externas. Cabe ao aluno, porém, conduzir a análise das condições internas (e ao professor, portanto, tê-lo treinado para fazer tal análise!).

Deste modo, a tarefa é exatamente um "desencadeador privilegiado". Privilegiado, primeiramente, porque ela simplifica, condensando-o de algum modo, o trabalho do professor-avaliador. Uma boa tarefa de aprendizagem é *ipso facto* uma boa tarefa de avaliação. As análises da avaliação formadora são essencialmente conduzidas em nome da busca de uma pertinência e de uma eficácia pedagógicas. Trata-se primeiramente de contribuir para o êxito do aluno, êxito que a avaliação poderá apreciar, quando suas condições tiverem sido reunidas, mobilizando o próprio instrumento (o mapa de estudos, a lista de verificação), cuja construção constitui a primeira dessas condições. O instrumento de aprendizagem torna-se instrumento de avaliação (princípios de coerência e de economia). A avaliação não passa de um momento, necessário, mas naturalmente integrado a ela, de um procedimento geral de aprendizagem.

Privilegiado, em segundo lugar, porque a pesquisa e a análise das tarefas adequadas (ao ensino e à avaliação) é uma atividade tão formadora para o professor quanto para o aluno. No que diz respeito ao aluno, não é mais necessário demonstrá-lo. Enfrentar questões tais como: *O que devo preparar ou fazer, em minha mente, e concretamente, para realizar a produção solicitada?* e *Como verei que a produção realizada está correta?* só pode lhe ser benéfico do duplo ponto de vista da aprendizagem e da avaliação. A análise da tarefa permitirá ao professor dotar-se de um precioso instrumento de auxílio à aprendizagem, e satisfazer as condições gerais identificadas acima, respeitando, sobretudo, seus deveres de clareza, de transparência e de reflexão prévia.

Existe um risco, todavia, dos pontos de vista da aprendizagem e da avaliação. Uma fixação sobre as tarefas poderia levar a aceitar, como evidente, as tarefas escolares tradicionais. A tarefa que era vista como um remédio à possível perda de sentido do exercício fictício e fragmentário pode, então, perder seu sentido na rotina da atividade escolar e não passar de uma tarefa formal, não tendo nenhuma significação fora do contexto escolar. O dever de imaginação (condição 2) tarefas correm o risco de ter uma vida própria que as transforme em um fim em si, fazendo com que se esqueça que têm valor de exercícios apenas, ou seja, de meio para alcançar um objetivo que encarnam, mas que não esgotam. O objetivo é permitir ao aluno que traduza, calcule, construa, demonstre; que leia, compreenda, memorize, etc. (atividades que correspondem ao objeto de avaliação).

A tarefa é uma oportunidade para alcançar esse objetivo (e verificar se foi alcançado). Salvo no caso em que haja uma coincidência perfeita objeto/tarefa, esta não passa de um meio, e não um fim. Transformar o meio em fim seria o sinal de um desvio instrumentalista.

Porém, isso não elimina em nada, por outro lado, a necessidade de buscar tarefas cada vez mais pertinentes, com referência quer às atividades e operações constitutivas da disciplina ensinada, e que correspondem, *grosso modo*, a seus "objetivos operacionais", ou a suas principais "competências requeridas" (pertinência didática), quer às tarefas socialmente significativas que esperam o aluno ao final da escola (pertinência social). Neste último caso, isso equivale a situar o objeto de avaliação, não nas operações intelectuais, ou nos saberes, privilegiados pela escola, em uma perspectiva de formação geral, mas nas tarefas socialmente significativas no que diz respeito a competências funcionais que se exercerão em situação de trabalho (cf. Hadji, 1989, p. 116-117). Passa-se então de uma problemática das aprendizagens escolares a uma problemática da formação em sentido estrito.

Por essa razão (necessidade, também, de uma pertinência social), como para dar conta do imperativo de significância, poderá ser lógico evoluir rumo a tarefas cada vez mais complexas. Ampliando as análises de Gérard Scallon (1988, tomo 2, capítulo 3), pode-se definir a *tarefa complexa* por meio de quatro características:

Característica 1: pluralidade das "habilidades" requeridas. A tarefa complexa requer, para ser realizada, inúmeros conhecimentos e/ou habilidades.

Característica 2: autonomia de resposta deixada ao indivíduo. A tarefa complexa deixa uma margem de manobra importante ao aprendiz (e ao avaliado), que escolhe ele próprio os conhecimentos e habilidades a mobilizar. O indivíduo tem a liberdade de buscar em seu repertório de modelos de comportamento aquele ou aqueles que julgar mais adequados para estruturar sua resposta.

Característica 3: multidimensionalidade. A tarefa escapa a uma análise simplificadora e redutora. Ela não pode ser apreendida sob uma única dimensão. Seu produto, por outro lado, pode ser duradouro (texto, desenho) ou efêmero (recitação, canto). E pode não haver produto que corresponda diretamente à tarefa (por exemplo: executar e respeitar princípios).

Característica 4: variabilidade. Trata-se de uma tarefa cuja execução se traduz por produtos que apresentam um certo grau de variabilidade. Dois produtos poderão ser julgados muito aceitáveis, ainda que sejam muito diferentes (por exemplo: duas dissertações sobre um mesmo assunto).

Exemplos de tarefas complexas: redigir um texto; resumir um livro; recitar um poema; tocar violão; fazer a planta de uma casa; construir uma escada; transcrever uma carta de negócios; afiar uma ferramenta; fazer um *"water strart"* em *windsurf*; comentar um poema; preparar um molho bechamel; construir um porta-cartas.

A avaliação das tarefas complexas se chocará com dificuldades específicas, relativas a cada uma dessas características. A pluralidade das "habilidades" em jogo torna mais difícil a "apreensão" do objeto visado. Como saber o que se avalia exatamente em uma tarefa de redação de uma narrativa de aventuras? A autonomia de realização deixada ao sujeito pode levar a penalizá-lo levando em conta saberes ou *savoir-faire* não explicitamente visados pela avaliação. A multidimensionalidade impõe a apreciação do processo e/ou do produto em questão sem reduzi-los, e considerando toda sua riqueza. A variabilidade torna mais difícil o uso de uma grade de avaliação comum, e mais incerto o acesso a uma competência geral cujo produto particular seria a expressão. De modo que a avaliação de uma tarefa complexa deverá ser particularmente atenta à:

– definição de seus objetos, através do "objetivo" da tarefa (exigência de pertinência);

– determinação de critérios de realização claramente identificáveis e claramente explicitados (exigência de justiça, particularmente no que diz respeito à redação das instruções);

– determinação de espaços de observação cuja pluralidade corresponda àquela das dimensões da tarefa (exigência de pluralidade);

– operacionalização de uma estratégia de avaliação que permita observar o aprendiz em várias situações que podem corresponder à "competência geral" visada (exigência de "significatividade").

Contudo, vê-se finalmente que a avaliação das tarefas complexas apenas torna mais agudos os problemas que toda avaliação encontra, sendo a dificuldade principal especificar critérios de realização pertinentes (do ponto de vista da tarefa), significativos (do ponto de vista do objetivo de aprendizagem/avaliação) e tornando possível, vamos voltar a isso, a apreensão de observáveis.

Tanto os pesquisadores como os profissionais em atividade interessaram-se significativamente, enfim, por um subconjunto de tarefas designadas como *situações-problemas*. Philippe Meirieu (1987, a partir da terceira edição) consagrou-lhes uma análise muito esclarecedora. Nós nos limitaremos a lembrar que se designa por essa expressão uma situação de aprendizagem (que, na lógica de todas as análises anteriores, pode por isso mesmo constituir uma situação de avaliação) construída em torno de um obstáculo que encarna o objetivo pedagógico, e cuja superação dá ao sujeito a oportunidade de construir (ou de desenvolver) a competência correspondente a esse objetivo.

Por exemplo:

- Competência/objetivo: utilizar a contagem como meio de construção de uma coleção eqüipotente a uma coleção determinada.
- Tarefa: completar os lugares vazios em vagões figurados por um jogo de fichas de papelão, colocando um tampão (= um viajante) em cada lugar vazio.
- Obstáculo: fazer uma única viagem para buscar os tampões que estão em outra peça (cf. Guillerault e outros., 1992).

É esse obstáculo que leva o aluno a mobilizar, dentre vários procedimentos ou processos alternativos, aquele que corresponde ao objetivo/competência visado (aqui, contar). Uma situação-problema é, pois, construída em torno desse tríptico competência/tarefa/obstáculo. O mais difícil é imaginar (cf. condição 2, acima) o obstáculo capaz, senão de encarnar verdadeiramente o objetivo, pelo menos de forçar o aprendiz a efetuar a atividade que deveria proporcionar a construção da competência visada. O conceito de objetivo-obstáculo, proposto por Jean-Louis Martinand (1986), leva a pensar o obstáculo de maneira positiva, não somente buscando o que pode tornar possível sua superação, mas também fazendo disso o ponto alto de uma estratégia de aprendizagem, o que transforma a visão clássica dos objetivos e, ao mesmo tempo, dos obstáculos. Astolfi e Develay (1989, p. 60) identificam etapas possíveis para caracterizar um objetivo-obstáculo. A fase central desse trabalho consiste em selecionar um obstáculo que pareça transponível e cuja superação produza um progresso intelectual, e em fixar como objetivo essa superação. Cabe então ao formador criar esse obstáculo dentro do dispositivo de formação.

Todavia, a noção de obstáculo não deixa de ter uma certa ambigüidade. Há uma grande distância entre a mera imposição (por exemplo: proibir o uso de uma letra na redação de um texto) e o obstáculo epistemológico evidenciado pela história de uma ciência (por exemplo: teoria preformista) ou a representação-obstáculo construída pelo aluno no decorrer de seu desenvolvimento (por exemplo: certas concepções da força, ou da corrente elétrica). É preciso não se iludir sobre a facilidade em superar obstáculos, ou em se livrar deles (Astolfi, 1993). Entretanto, a idéia de enfrentar diretamente esses obstáculos, "encaixando-os" no âmbito de um aparelho didático, é pedagogicamente rica. E é necessário, do ponto de vista da avaliação, interrogar-se sobre o que realmente obstaculiza uma tarefa considerada como "desencadeadora".

5 | Agir observando/interpretando de maneira pertinente

Para os professores, a questão dos instrumentos freqüentemente se reduz à dos exercícios, isto é, dos "desencadeadores". Se, de fato, estes constituem instrumentos essenciais para a avaliação, deve-se observar entretanto que, de um lado, o resultado do trabalho do aluno deverá ser "lido" e exigirá, para ser apreciado, uma eventual codificação, em todo caso, uma interpretação. Isso poderá implicar a mobilização de instrumentos específicos, que serão grades de leitura do processo e do produto. O mapa de estudos constitui um instrumento desse tipo; examinaremos outros. E, de outro lado – outro aspecto do mesmo problema –, nem sempre é evidente apreender bem o que é observável, do ponto de vista da competência visada. O que representa, desse prisma, um trabalho escolar? O traço de uma atividade intelectual. Se é essa atividade mesma que se quer avaliar, talvez seja necessário recorrer a outros observáveis que não meros traços.

O avaliador deve então confrontar-se com um sistema de exigências um tanto contraditórias. Necessita de observáveis. Isso corresponde à necessidade de construir um referido. A qualidade da avaliação depende, em parte, do número e do interesse desses observáveis. Mas, ao mesmo tempo, a coleta de observáveis não é um fim em si. Estes não constituem senão indícios da presença do "objeto" visado que poderá, na maior parte do tempo, apenas ser inferido. É preciso então munir-se de observáveis e, simultaneamente, ultrapassar o que não é observável para inferir a presença ou a ausência do objeto visado. Por essa razão, reunimos em um único nível de análise as duas tarefas, distintas entretanto, que consistem em observar e em analisar/interpretar. O exame das dificuldades e dos limites inerentes à primeira tarefa (observar) vai permitir que compreendamos melhor como se pode superar a dificuldade constituída pelo intricamento das duas.

A TENSÃO OBSERVÁVEL/INOBSERVÁVEL

Pierre Vermersch insistiu sobre a necessidade de determinar registros de funcionamento para tornar inteligíveis as respostas e comportamentos de aprendizes diante de uma tarefa, e fundar uma ação corretiva (Vermersch, 1979). Para ele, somente um modelo pluralista do funcionamento cognitivo, articulando vários registros de funcionamento, parece, de fato, permitir a apreensão do nível de competência mobilizado por uma tarefa. Com certeza, deve-se distinguir a *análise de comportamento*, centrada apenas sobre os observáveis, permanecendo, portanto, fatual e descritiva, da *análise da conduta*, que supõe um quadro teórico, necessário à interpretação na medida em que o raciocínio e as representações do sujeito, sendo inobserváveis, devem ser inferidos a partir do comportamento (P. Vermersch, documento de trabalho, fevereiro de 1983).

Ora, é exatamente a uma análise da conduta que a avaliação deve se consagrar, pois, como observa Pierre Vermersch (documento de trabalho, junho de 1983), desempenhos e competências correspondem a dois níveis de análise, certamente articulados, mas distintos. A correção do desempenho não significa o domínio da competência, como tampouco a incorreção, sua ausência! O resultado correto pôde ser produzido pela operacionalização da competência desejada, mas também por outros meios (acaso, sorte, fraude, intuição, etc.). E um mau desempenho pode ser causado por uma falha ou desatenção passageiras, por uma inabilidade pontual, ou pela ausência de uma competência diferente daquela visada. Assim, o desempenho jamais é um indicador claro da competência, que é sempre inferida. Todo o problema, como já vimos, é encontrar os observáveis capazes de "manifestar" a competência da maneira menos ambígua.

Esse problema não tem solução imediata e total. Talvez seja necessário, como sugere Jean Cardinet, apoiado em Jean Brun, distinguir dois níveis de avaliação, distinção baseada na existência de níveis de competências.

– Um primeiro nível é aquele dos *comportamentos esperados*. Se o esperado expressa-se totalmente em termos de comportamento, quase não há ambigüidade no que tange ao objeto. Os comportamentos são sempre observáveis, sobretudo quando tratam-se daqueles comportamentos rudimentares que consistem em responder diretamente a questões sobre saberes declarativos. Neste nível, os testes de conhecimentos, ou os QCM, constituem instrumentos adequados. Mas essa aparente facilidade de avaliação não significa ausência de problema, salvo quando a avaliação se reduzir ao controle da presença ou da ausência do comportamento esperado, e este se expressar totalmente em sua dimensão externa. Desta forma, assim que o comportamento tiver um mínimo de dimensão mental, será preciso interpretá-lo.

– Um segundo nível é aquele dos *procedimentos* utilizados pelos alunos na execução da tarefa. Esses procedimentos correspondem, para Jean Cardinet (1986, p. 19) a comportamentos examinados em seu aspecto qualitativo (em um problema de subtração, o aluno conta nos dedos, ou trabalha por colunas). Um procedimento constitui, assim, um método de resolução do problema. Mas, neste nível, ou o procedimento é forçado pela situação, e não se pode senão constatar, ou não, sua operacionalização, ou então, com problemas mais abertos, o aluno pode escolher seu procedimento, e será então difícil "adivinhar" (p. 21) o procedimento utilizado. Por isso, seria interessante que o professor constituísse catálogos de procedimentos para cada tipo de problema, para poder interpretar as respostas e fazer uma análise dos erros constatados.

– Um terceiro nível é o das *representações* e dos *processos*. As representações constituem a "versão subjetiva das noções ensinadas" (Cardinet, 1986, p. 20). Referem-se ao aspecto estrutural do trabalho intelectual que se produz na "mente" do aluno; já os processos correspondem ao aspecto funcional do mesmo trabalho. Nem as representações, nem os processos são diretamente observáveis. Pode-se então apenas tentar apreendê-los através de tarefas que impliquem generalizações, transposições em contextos diferentes ou transferências para outros tipos de problemas: quando se trata, por exemplo, de perceber uma similitude de estrutura, de encontrar o princípio de uma classificação, ou de inventar uma situação concreta que satisfaça uma formulação matemática proposta (p. 22). Mas, no que diz respeito aos processos (por exemplo, subtração-resto = passagem diacrônica de um estado a outro por modificação de algo no tempo; ou então subtração-diferença = representação sincrônica de relações entre dois subconjuntos. Conforme Jean Cardinet (1986, p. 30, 31 e 43), somente uma entrevista clínica poderia eventualmente permitir aproximar-se deles. A explicitação dos processos será, todavia, sempre muito delicada (devido às dificuldades inerentes à condução de uma entrevista clínica) e incerta (devido à dificuldade de verificar as inferências às quais se está reduzido).

Assim, por um lado, observabilidade e significância variam de uma certa maneira em sentido inverso, sobre o eixo comportamento/procedimentos/processos-representações. Quanto mais os objetos forem interessantes pedagogicamente, mais difíceis de observar. E, por outro, mesmo no nível em que se pode observar mais facilmente, há necessidade de interpretar. Os comportamentos jamais serão senão "indicadores aproximativos" da aprendizagem (Cardinet, 1986, p. 26). Reencontra-se aqui o obstáculo da insuficiência dos saberes de ordem cognitiva: para definir de modo pertinente os objetivos de ensino/avaliação, seria preciso conhecer os patamares de níveis sucessivos de compreensão que pontuam o desenvolvimento das noções estudadas. De fato, em situação de ensino, os objetivos concernem às estruturas ou organizações mentais. Na ausência de definição não arbitrária dos níveis de compreensão, a incerteza do objetivo vem reforçar a "insegurança" da interpretação. Razão, às vezes, de grandes surpresas: os níveis sucessivos de aquisição de um objetivo relativo à subtração imaginados *a priori* por uma equipe de pesquisadores (domínio das relações temporais → escolha da operação correta → domínio do algoritmo → equacionamento → integração dos três saberes precedentes na resolução de problema) revelaram-se "sem relação com a realidade" (p. 61). O que fazer?

1) Continuar a tentar explicitar cada vez melhor os objetivos, designando o que constitui precisamente o objeto de ensino e de avaliação (de uma forma geral: a competência visada), sabendo ao mesmo tempo que tal objeto jamais será totalmente discernível, nem observável.

2) Munir-se o máximo possível de instrumentos de análise dos erros, sabendo que essa análise é um arranjo provisório, todavia possível de racionalizar.

O PROBLEMA DA ANÁLISE DOS ERROS

Uma avaliação formativa deveria possibilitar a "compreensão" da situação do aluno, de modo a imaginar ações corretivas eficazes. Essa compreensão é possível pela dupla operação de coleta de informações e de análise de resultados. Claude Thélot mostra bem como a coleta de informações já é orientada pela preocupação de analisar. A observação não é evidente. Deve-se definir quais informações será pertinente reter, com a necessidade de um bom acordo quantidade/qualidade. Os itens retidos devem ser informativos. Por essa razão, observa Claude Thélot (1994, p. 22), é "insuficiente e frustrante" reter apenas um item que proporcione uma cotação de tipo binário: acerto/erro. Mas seria mais satisfatório substituir esse sistema binário por um sistema de codificação compreendendo as categorias seguintes: resposta exata; resposta parcialmente exata; resposta pouco exata; resposta inexata; ausência de resposta ? Por um lado, em caso de resposta não prevista nas instruções, o professor "saberá interpretar", como diz um "documento para o professor"! Por outro, o essencial é poder determinar tipos de erro. A fase de análise dos resultados será mais rica e útil se as informações retidas durante a observação forem capazes de alimentar uma "interpretação dos itens, dos erros ou acertos dos alunos" (1994, p. 22).

O interesse de uma análise dos erros foi freqüentemente proclamado. Pierre Vermersch, em sua tentativa de fundar uma pedagogia do funcionamento cognitivo sobre o diagnóstico do registro de funcionamento, preconiza uma abordagem positiva do erro. O diagnóstico preciso do registro de funcionamento cognitivo em jogo, apoiando-se em um modelo teórico explícito que permita inferir de modo defensável mecanismos intelectuais subjacentes, deveria possibilitar a compreensão da natureza dos erros. O erro não é simplesmente um não-acerto, que deve ser lamentado, ou cujo absurdo deveria ser condenado. Ele pode tornar-se inteligível se, por exemplo, for considerado como "o reflexo de uma coerência própria a este ou aquele registro" (Vermersch, 1979, p. 184). Várias coerências são possíveis na produção de respostas a situações-problemas. Por isso, em inúmeros casos, afirma Vermersch, a inteligibilidade dos erros é acessível. Como?

Pode-se, como já vimos, munir-se de instrumentos tais como listas de procedimentos, que serão estabelecidos seja por uma análise *a priori*, de tipo didático; seja *a posteriori*, por meio de uma observação (na medida das possibilidades) das condutas de raciocínio típicas dos alunos; seja combinando as duas. Jean Cardinet propõe assim um catálogo de procedimentos seguidos pelos alunos em problemas de subtração: copiar; responder ao acaso; utilizar (ou não) material; tatear; fazer uma adição lacunar; fazer uma adição lacunar invertida; operar uma decomposição (Cardinet, 1986, p. 32-33).

Podem-se levantar dificuldades. A primeira condição é admitir que problemas que parecem simples podem revelar-se, na verdade, fontes de múltiplas dificuldades.

Jean Cardinet (1986, p. 53 e 59) aponta deste modo, para problemas de adições e de subtrações:

– dificuldades de leitura;
– dificuldades com o registro escrito (com uma inversão possível da ordem das relações;
– dificuldades com os tempos dos verbos;
– dificuldades com os advérbios de tempo;
– confusões entre a ordem de apresentação e a ordem cronológica;
– dificuldades com as relações de implicação;
– dificuldades com as seriações;
– dificuldades de análise;
– dificuldades devido à consideração de fatores estranhos à situação.

A conclusão de Jean Cardinet é de que as principais dificuldades para o domínio da subtração são muito menos de ordem matemática do que lógica, lingüística ou comunicacional (Cardinet, 1986, p. 59). O leitor dirá que era de se esperar, em razão de todas as análises anteriores. A avaliação se situa em contexto de comunicação.

Cada saber ou *savoir-faire* visado é dificilmente dissociável de outros "objetos" possíveis de avaliação. As operações propriamente matemáticas mobilizam outros *savoir-faire* instrumentais, dentre os quais o domínio das relações temporais, a compreensão escrita, etc. Não é surpreendente que a língua seja fonte de dificuldade para alunos jovens. Jean Cardinet observa que, com estes, a "roupagem dos problemas" representa o principal determinante do acerto ou do erro (Cardinet, 1986, p. 74). Daí a necessidade de dar atenção particular a essa "roupagem", ao redigir as instruções. Pode-se, enfim, observar que às dificuldades de escrita e de verbalização de um lado, de abstração e de simbolismo de outro (p. 34-35) acrescentam-se dificuldades resultantes do próprio sentido a dar à situação de aprendizagem/avaliação: não se vê, escreve Jean Cardinet, para que serve, ou a que leva, a abstração matemática; não se vê a pertinência dos problemas (p. 36). Era esta última dificuldade, como já vimos, que a escolha de tarefas complexas ou próximas de atividades socialmente significativas desejaria remediar.

Em língua materna, para a análise dos resultados em uma prova de ditado, poder-se-ão distinguir erros de ordem lexical, e erros de ordem gramatical (Ernst, 1994, p. 32). Instrumentos mais acurados para analisar as dificuldades ortográficas dos alunos poderão ser adotados no sentido do trabalho efetuado por Dominique Betrix Kohler (1993). O desafio é passar da questão "quantos erros?" à questão "que tipo de erros?" (p. 163). Uma análise *a priori*, baseada em uma abordagem descritiva da ortografia, distinguindo no que diz respeito aos grafemas três grandes funções (fonogrâmica, morfogrâmica, logogrâmica), e um resto histórico situado fora do sistema, leva a um instrumento que permite, em princípio, analisar todos os erros possíveis.

> A título de exemplo, é proposta uma grade utilizada para pesquisas em grande escala sobre a ortografia dos alunos do cantão de Vaud, na Suíça. Ela distingue:
> – erros de ordem oral, do tipo omissão ou confusão de grafemas (erros de dominância fonética; por exemplo: ciança por criança);
> – erros ligados ao desconhecimento do código gráfico, alterando ou não o valor fônico (erros de dominância fonogrâmica; por exemplo: masa por massa);
> – erros caracterizados pelo desrespeito às marcas não fônicas (erros de dominância morfogrâmica; por exemplo: derrepente por de repente);
> – erros que tangem à figura das palavras (erros de dominância logogrâmica; por exemplo: avo por avô);
> – erros referentes às letras não funcionais (por exemplo: máqina por máquina);
> – erros referentes ao hífen, às maiúsculas.

Tal instrumento (Betrix Kohler, 1993, p. 165) possibilita passar de um olhar normativo (contam-se os erros para sancioná-los) a um olhar formativo (apreendem-se os erros com critérios lingüísticos a fim de propor exercícios de remediação diferenciados conforme as zonas da ortografia não dominadas pelos alunos).

Esses trabalhos confirmam que duas grandes vias para construir instrumentos de análise abrem-se àqueles que sentiram a necessidade de uma abordagem positiva do erro e o interesse de sua análise acurada:

– A via da análise *a priori*, baseada em considerações de ordem teórica: análise do conteúdo envolvido, recurso a modelos de funcionamento da disciplina, ou referência a atividades cognitivas relacionadas.

– A via da análise *a posteriori*, por observação dos erros realmente cometidos por meio de amostras de alunos.

Em princípio, a primeira via proporciona mais chances de munir-se de instrumentos pertinentes de análise, pois ela poderá ser feita em função de modelos com validade comprovada. Mas não é certo que as grades obtidas nesse âmbito permitam apreender todos os erros, em razão da forte origem "estrangeira" (em relação aos conteúdos e às atividades próprias à disciplina em jogo) de certos erros (cf. *supra*).

A segunda via concerne mais ao arranjo. Mas permite ficar atento às dificuldades concretamente experimentadas pelos alunos, previsíveis ou não.

Porém, as duas vias podem ser seguidas simultaneamente. E o essencial, mais uma vez, é ter vontade de compreender. Compreender os erros para criar as condições de sua superação. Exceto para pesquisadores, a análise dos erros não é um fim em si. É um meio oferecido para tornar a avaliação mais informativa e imaginar melhor as condições didáticas e/ou pedagógicas adequadas para a superação do obstáculo revelado pelo erro.

FACILITAR UM PROCEDIMENTO DE AUTO-AVALIAÇÃO

Dentre as condições de superação, não se deveria contar a participação do aluno neste trabalho de análise, na esperança de um envolvimento cada vez maior de cada um na regulação de suas aprendizagens? Gérard Scallon (1988) é muito feliz ao propor exercícios destinados a permitir aos professores que aprendam a reconhecer erros sistemáticos. Uma série de respostas errôneas é apresentada. Deve-se interpretar essas respostas para deduzir sua lógica ou procedimento seguidos pelo aluno, ou a regra que ele criou. Certamente é muito útil abrir os olhos dos professores. Não seria mais útil ainda abrir os olhos dos próprios alunos?

Esta é, como bem sabemos, uma hipótese fundamental de trabalho para a avaliação formadora. Por isso, para ela, o primado da auto-avaliação não é, na verdade, senão a expressão de uma dupla vontade:

1) A vontade, primeiramente, de privilegiar a regulação da ação de aprendizagem, em relação à constatação dos efeitos produzidos por essa ação (perspectivas dinâmica e pedagógica). E de privilegiar, nesse âmbito, a auto-regulação. Por essa razão, deve-se distinguir claramente, segundo Georgette Nunziati, autonotação e autocontrole. A *autonotação*, através da qual o aluno atribui a si mesmo uma nota ao examinar seu próprio trabalho escolar, já pode ser, é verdade, a oportunidade (e o meio) de um autobalanço, por meio do qual o aluno, analisando o produto final (com o auxílio de um mapa de estudos formalizado ou de uma lista de verificação), verifica sua conformidade ao modelo e "mede" assim a distância entre sua produção e a norma. Porém, o autobalanço ocorre quando a ação de produção está terminada (ou quando uma parte significativa dessa ação já está pronta). Já o *autocontrole*, figura privilegiada da auto-avaliação, é "um componente natural da ação" (Nunziati, 1990, p. 51). É um elemento constitutivo da ação, que traduz-se por uma observação contínua do desenrolar de suas quatro principais fases (representação do objetivo, antecipação, planejamento, execução). É como, escreve Georgette Nunziati, se o sujeito se olhasse ao agir constantemente, a partir de um modelo ideal ou de um sistema de normas. O autocontrole corresponde a uma "avaliação" contínua, freqüentemente implícita, algumas vezes quase inconsciente, da ação conduzida. Ele constitui a instância reguladora da ação, cujo jogo pode chegar a modificar as normas e os modelos de referência. De algum modo, é um "olhar crítico sobre o que se faz enquanto se faz" (p. 53), olhar através do qual se expressa o sistema interno de orientação próprio a cada um e cuja mobilização pode ter o efeito de uma modificação desse sistema. Vê-se então que o termo controle não tem absolutamente, aqui, o sentido negativo que assumia naqueles que opuseram fortemente a avaliação ao controle.

Assim, a auto-avaliação já está presente na atividade do aluno, mas constantemente, enquanto autocontrole. Portanto, é natural querer que o aluno desempenhe um papel essencial: ele já desempenha naturalmente esse papel! Poder-se-ia dizer então que o problema é colocar a avaliação instituída e instrumentalizada a serviço do autocontrole espontâneo e permanente, para assim ajudar o aluno a construir uma "instância avaliativa" (Nunziati, 1990, p. 51) cada vez mais adequada, substituindo os "elementos errôneos" (por exemplo: representação inadequada do objetivo) por elementos de orientação mais pertinentes (por exemplo: a percepção clara dos critérios de realização da tarefa). O objetivo da "auto-avaliação" no sentido clássico (como prática de instrumentação do autobalanço) é enriquecer o sistema interno de orientação para aumentar a eficiência da auto-regulação, verdadeira "chave" de todo o sistema.

Mesmo sendo essa chave, a auto-avaliação só o é enquanto for auto-regulação contínua, e não sob suas formas, que correspondem a "efeitos" de autonotação, até mesmo de autobalanço. Para a avaliação formadora, as prioridades são claras: a ação, e o sujeito que age. É por isso que a regulação operada pelo professor não é senão um "estepe", que só deve intervir "quando os mecanismos de auto-regulação do aluno estão bloqueados" (Nunziati, 1990, p. 59). Mas o professor pode intervir validamente do exterior, como acabamos de ver, para instrumentalizar de modo mais adequado o autocontrole, particularmente incitando o aluno a fazer análises de tarefa, e acompanhando essa atividade; em outras palavras, ajudando-o a formalizar suas análises pela produção de instrumentos que poderão servir então de instrumentos de autobalanço e de autonotação, sem perder seu sentido de instrumentos de regulação. É, pois, nesse espírito, e sem esquecer todo o trabalho preparatório que leva à sua produção, que vamos dar atenção a alguns outros instrumentos de "auto-avaliação".

2) Todavia, devemos ainda observar que o primado concedido pela avaliação formadora à auto-avaliação exprime paralelamente a vontade de desenvolver atividades de *metacognição*. É sabido que se pode designar, por meio desse termo, um processo mental interno pelo qual um sujeito toma consciência dos diferentes aspectos e momentos de sua atividade cognitiva. Por meio desse processo, o sujeito toma distância em relação aos conteúdos envolvidos pelas atividades cognitivas em andamento. Por isso, a metacognição é sinônimo de atividade de autocontrole refletido das ações e condutas do sujeito que aprende. Ela é da ordem da conceptualização refletida, e implica uma tomada de consciência, pelo sujeito, de seu próprio funcionamento. Compreende-se seu papel no êxito das aprendizagens. Por meio da auto-avaliação, é visado exatamente o desenvolvimento das atividades de tipo cognitivo, como forma de uma melhoria da regulação das aprendizagens, pelo aumento do autocontrole e da diminuição da regulação externa do professor. Pois, como escreve Georgette Nunziati, o objetivo prioritário é o desenvolvimento da autonomia no âmbito "de um procedimento de regulação conduzido por aquele que aprende" (1990, p. 51). "A auto-avaliação, como processo de autocontrole cada vez mais pertinente, é uma 'habilidade' a construir" (p. 63). Essa construção (construção de um modelo pessoal de ação que será o núcleo do sistema interno de orientação; construção, por isso mesmo, de uma instância avaliativa mais justa; desenvolvimento de uma atitude de distanciamento) supõe suspensões na seqüência e nas atividades de aprendizagem. Não para imobilizar o movimento e quebrar a dinâmica por meio de intempestivas fases de avaliação-balanço que estariam totalmente nas mãos dos formadores externos, dispondo do domínio de algo que não passaria de uma orientação. Mas para permitir ao aluno que reflita, analise, construa progressivamente um modelo da tarefa que se tornará um referente adequado para fazer um exame crítico de sua produção, a fim de progredir rumo a um êxito maior. Todo o sentido daquilo que se chama de auto-avaliação está nisso.

Em um trabalho recente, Françoise Campanale aprofundou essa concepção da auto-avaliação como processo metacognitivo fundamental. Ela estabelece primeiramente duas características que possibilitam defini-la como uma "reflexão metacognitiva" (Campanale, 1996, p. 184). A primeira foi evidenciada por Linda Allal (1993), que parte do fato, já percebido por Georgette Nunziati, como acabamos de ver, de que a auto-regulação é uma "dimensão fundamental dos processos cognitivos", que está "forçosamente presente em todo momento em cada aprendiz" (Allal, 1993, p. 86), mas que permanece na maioria das vezes implícita e pouco consciente. A passagem a procedimentos de auto-regulação metacognitiva implica essencialmente uma "tomada de consciência" (p. 87). As operações de regulação metacognitiva constituem então "uma espécie de interface" (p. 88) entre a rede das representações de que dispõe o sujeito para organizar sua atividade face à tarefa e os processos de produção que mobiliza para atingir o objetivo da tarefa. Em outras palavras, a auto-avaliação, pela tomada de consciência que implica (pois, para que haja avaliação, é necessário que haja comparação entre um estado dado e um estado-objetivo a atingir – Allal, 1993, p. 88), marca (e permite) a passagem de uma regulação simplesmente cognitiva ("tácita", espontânea) a uma regulação metacognitiva (consciente, refletida e permitindo conseqüentemente explorar mais seus recursos e conhecimentos).

A segunda característica é que a auto-avaliação opera-se em um diálogo interno alimentado pela linguagem de outro (Campanale, 1996, p. 185). Todo o trabalho de tomada de consciência, de distanciamento, de apreciação opera-se internamente: é o próprio sentido de uma avaliação em primeira pessoa. Mas esse trabalho não exclui o terceiro. Para que o sujeito possa "desprender-se" do objeto que constrói, e observá-lo lucidamente, ele precisa do olhar e da fala do outro, que vão lhe trazer uma ajuda decisiva no sentido da lucidez metacognitiva. Com a condição, todavia, de que essa fala venha apoiar o trabalho de auto-regulação, e não imobilizá-lo. A fala dos outros (dos pares, dos professores) deve ser uma oportunidade dada ao aluno para estender e diversificar suas competências espontâneas de auto-regulação (Allal, 1993, p. 87); e não a causa de um sofrimento, como pode acontecer, por exemplo, quando o aluno é obrigado a uma autocrítica desestabilizante. As condições de uma fala que auxilia serão examinadas na seção seguinte (a propósito da tarefa: comunicar).

Françoise Campanale analisa enfim, distinguindo-os, três "movimentos" que permitem ao sujeito desprender-se dos objetos que constrói. Pelo *recuo* pode-se operar uma autoconstatação que originará uma retificação do produto, mas sem que o sujeito modifique suas normas, nem suas referências. Já o *distanciamento* é um movimento mais amplo, que se traduzirá por um ajuste contínuo da ação e que pode fazer com que a rede de representações do sujeito evolua. A *descentraliza-*

ção, enfim, leva ao questionamento da pertinência de suas referências, o que induz uma dinâmica de transformação do próprio sujeito.

Ao primeiro movimento corresponde a utilização sem recuo de uma grade de controle aplicada somente à sua própria produção. Ao segundo, a aplicação dessa grade às produções dos outros, e a aceitação da aplicação de outras grades a seu próprio produto, o que passa pelo confronto de sua produção com as dos outros, pela acolhida da interrogação dos outros sobre seu produto, e pela curiosidade ativa pelos procedimentos de produção dos outros. O terceiro movimento, enfim, implica o recurso às interpretações de outrem, e a reflexão sobre a pertinência dos critérios assim escolhidos, ou as grades de avaliação. Vê-se portanto que a utilização de um instrumento destinado à auto-avaliação pode ter um alcance e uma significação muito diferentes conforme o contexto no qual ela se situa, e seu grau de integração à dinâmica de desenvolvimento de auto-regulação metacognitiva dos sujeitos em questão. A avaliação não se tornará automaticamente mais formativa só pela operacionalização de instrumentos ditos de auto-avaliação. Tudo depende do uso que o aluno poderá fazer desse instrumento, do sentido que lhe dará, e de sua participação, a partir disso, em um movimento que favoreça "uma auto-regulação geradora de aprendizagens" (Allal, 1993, p. 86).

Em resumo, poder-se-ia distinguir, do próprio ponto de vista da auto-avaliação, quatro atividades, que correspondem *grosso modo* a quatro momentos na "construção" da auto-avaliação como "habilidade", conforme o seguinte esquema:

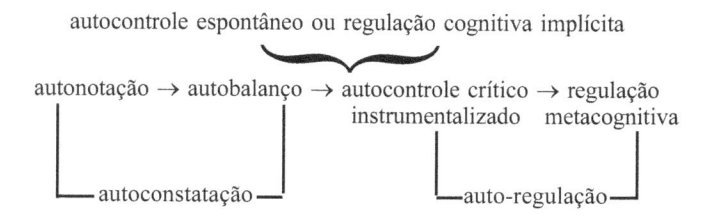

```
       autocontrole espontâneo ou regulação cognitiva implícita
                    ⏜⏜⏜⏜⏜⏜⏜⏜⏜⏜
     autonotação → autobalanço → autocontrole crítico → regulação
                                 instrumentalizado    metacognitiva
     └─── autoconstatação ───┘     └─── auto-regulação ───┘
```

Os instrumentos de auto-avaliação não terão o mesmo sentido e não produzirão os mesmos efeitos, conforme seu lugar nos diferentes momentos desse processo de construção da auto-avaliação como habilidade. Já apresentamos três desses instrumentos: o mapa de estudos (G. Nunziati); a lista de verificação (G. Scallon); a grade de análise dos erros de ortografia (D. Betrix Kohler). A obra *Évaluation formative et didactique du français* [Avaliação formativa e didática do francês], publicada sob a direção de Allal, Bain e Perrenoud (1993), apresenta inúmeros exemplos de instrumentos que podem servir para a auto-avaliação. As grades de controle têm um interesse particular. São instrumentos que sintetizam, sob forma explícita, os resultados das observações, análises e exercícios feitos pelos alunos, seja de textos deles mesmos, seja de "textos autênticos" ou escritos sociais. A grade servirá de regulador para a atividade do aluno. Nestas condições (enquanto instrumento construído pelos alunos, e não simplesmente aplicado por eles), ela se situa no nível do autocontrole crítico instrumentalizado, e corresponde ao menos a um movimento de distanciamento. Por isso, poderá ser tão útil à produção dos textos, indicando os objetivos a atingir e permitindo regular e controlar a produção, quanto à sua avaliação (com possibilidade de autonotação).

Uma grade de controle para a narrativa histórica (em Allal cols., 1993, p. 219), explicitará, por exemplo: há um título; é preciso desenvolver a situação inicial; pode haver dois ou três episódios; freqüentemente há organizadores temporais; é preciso escolher uma base temporal dentre diferentes possibilidades; existem organizadores específicos para terminar a narrativa, etc. Uma grade de controle para um "guia turístico" (p. 231) lembrará um certo número de necessidades em torno de quatro questões: Por que escrever? Para quem escrever? O que dizer acerca do objeto? Como escrever acerca do objeto?

Os autores (Bernard Schneuwly, Daniel Bain) dão preciosas indicações referentes à elaboração do instrumento. Três modos são considerados.

a) Parte-se de um "pré-teste/texto", isto é, de um texto produzido pelos alunos antes de qualquer trabalho sobre o gênero que será estudado. A experiência mostra que todos os alunos são capazes, se a situação de comunicação for suficientemente determinada, de produzir tais textos, que poderão ser lidos, comentados e trocados em aula. Sobre elas, o professor determinará os principais objetivos a atingir e os traduzirá em lista de regras, ilustradas por exemplos. É essa lista, introduzida desde o início da seqüência didática, que vai servir de grade de controle.

b) A grade de controle é construída à medida que a seqüência avança, sendo cada aspecto do funcionamento textual, que acaba de ser trabalhado, resumido sob a forma de regras a respeitar. A grade funciona então, escrevem os autores, como um "acumulador de conhecimentos" (Allal, 1993, p. 232).

c) A elaboração da grade corresponde a uma síntese de toda a seqüência de trabalho sobre o gênero, "através de um percurso retrospectivo de todos os trabalhos executados" (p.232).

Assim, a grade de controle pode corresponder a um trabalho mais ou menos sintético e recapitulativo. Sua elaboração pode deixar um espaço maior ou menor ao professor, e aos alunos. Mas será somente na medida em que sua construção implicar o aluno que ela se tornará um instrumento de regulação de uma ação, e não simplesmente de apreciação de um produto.

Por tudo isso, o domínio dos instrumentos de auto-avaliação é muito vasto: esses instrumentos podem ir do questionário sobre as representações dos alunos em matéria de avaliação (em *Apprendre son métier d'élève* [Aprender o ofício de aluno], CRDP de Toulouse, 1992, p. 68), passando pelos instrumentos de avaliação do produto (guia para a auto-avaliação da escrita de um texto opinativo, em Allal e cols., 1993, p. 216-217; questionário interativo, Allal e cols., p. 246-247; diagnóstico em forma de auto-apresentação, *Cahiers Pédagogiques* 317, outubro de 1993, p. 23), até os instrumentos de avaliação do processo (ficha guia de auto-regulação, em *Apprendre son métier d'élève*, p. 70; o relato de pesquisa, *Cahiers Pédagogiques*, 316, setembro de 1993, p. 37-38). O essencial, porém, é que o aluno possa apropriar-se do instrumento e, mais ainda, construí-lo.

6 Agir, comunicando de modo útil

Sabemos qual é a importância do contexto comunicacional para o ato de avaliação no âmbito de um processo geral de comunicação/negociação. Porém, o próprio ato de avaliação, e isso é ainda mais verdadeiro no contexto escolar, sempre tem uma dimensão de comunicação. Quando colocado pelo professor-avaliador, ele manda uma mensagem aos alunos. O avaliador se pronuncia sobre o modo como julga que suas expectativas sejam satisfeitas. Desse ponto de vista, é um homem de palavras (Hadji, 1989, p. 38), cujo discurso deverá ser organizado para ser acessível, e fazer sentido na mente dos alunos. A informação que ele passa deve ser útil, a fim de que a linguagem do outro (do professor) possa vir alimentar essa diálogo de si para si descrito por Françoise Campanale. Somente assim a avaliação pronunciada pelo professor poderá, do ponto de vista da comunicação, tornar-se formativa.

ALGUMAS PISTAS PARA UMA COMUNICAÇÃO MAIS FORMATIVA

Em uma obra muito viva, interativa (pois faz com que o leitor participe) e rica em propostas de atividades de formação, Michel Barlow (1992) empreendeu o estudo da "fala avaliadora" (p. 9). Neste ato de comunicação, o adulto expressa algo que o receptor da mensagem deverá "decodificar" da melhor maneira. Como colocar o aluno em situação de decodificar bem... e ajudar o professor-avaliador a expressar-se de maneira clara e pertinente? A hipótese de Michel Barlow é a de que um avaliador esclarecido sobre o funcionamento do processo de comunicação avaliativa e sobre o que é capaz de entravá-lo tem mais chances de criar as condições de uma comunicação útil, porque verdadeira. Um aumento da "formatividade" da avaliação passa por um esforço para compreender melhor (mais uma vez!) como as coisas se passam, a fim de aperfeiçoar o que pode sê-lo.

Compreender primeiramente que se pode analisar o ato de avaliação, como todo ato de comunicação, conforme um esquema tradicional, mas operatório: codificação da mensagem pelo emissor, que escolhe uma língua, um registro e um meio de comunicação (oralmente, por escrito, por meio de uma nota, de um sorriso, etc.); transmissão; decodificação pelo receptor que interpreta as palavras, o texto escrito no cabeçalho do trabalho, a nota, ou a mímica... ou tudo isso. O porque de inúmeras distorções, que podem ser eventualmente corrigidas por meio de uma reformulação e de um retorno da mensagem ao emissor para fins de confirmação ou de retificação. Ora, observa Michel Barlow (1992, p. 51), a prática do *feedback* parece ser pouco usada em matéria de avaliação escolar. Uma via garantida para tornar a avaliação mais formativa é saber captar, portanto, as reações dos alunos, suas questões sobre o sentido e o alcance do que foi dito pelo avaliador, seus pedidos de explicação sobre as apreciações e as notas. Poder-se-ia até mesmo organizar o *feedback*, institucionalizando momentos de trocas e de questionamento sobre as "avaliações" do professor.

Assim, esta primeira análise, rudimentar, da avaliação como ato de comunicação leva a uma grade de questionamento bastante operatória para o professor (Barlow, 1992, p. 57):
– A quem se dirige precisamente minha mensagem? Ela é suficientemente explícita?
– O código escolhido (nota cifrada, apreciação) é plenamente acessível ao aluno receptor?
– Estabeleci as possibilidades necessárias de *feedback* para estar certo de que a mensagem foi compreendida?

A atenção que o avaliador dará à codificação, o cuidado que terá em determinar e eliminar as causas de "ruído" e os fatores de distorção, poderão ser aperfeiçoados e ampliados por uma melhor percepção dos espaços possíveis de trabalho. Michel Barlow desenvolve seu projeto de decodificação da linguagem da avaliação escolar explorando quatro áreas onde uma melhoria da comunicação avaliativa é desejável: as áreas do vocabulário, da gramática, do estilo, e do simbólico.

O léxico empregado por um indivíduo sempre é revelador. O que revela então *o vocabulário* da avaliação escolar? Primeiramente, que o próprio uso do termo avaliação é relativamente recente na escola, e que o sentido da palavra, na linguagem comum, é muito instável. Inúmeros são os sinônimos. Por isso, era necessário, não ter a pretensão de resolver todas as contradições e ambigüidades, mas empreender um trabalho de esclarecimento conceptual (nossa primeira parte: compreender). Todavia, o mais importante para o professor é dar atenção ao vocabulário que emprega, seja para designar o momento da avaliação, seja para se dirigir ao aluno. Michel Barlow observa que o uso de termos tais como controle, correção, dever, exame, nota, não é inocente, e crê poder discernir, na escolha e no sentido das palavras, uma evolução em um sentido pessimista, negativo e abstrato, marcado pela ausência de diálogo. O modo como se fala da avaliação parece indicar que ela nada tem de um momento feliz. Essa análise confirmaria que uma evolução das representações, em sentido inverso, é uma preliminar à emergência de uma avaliação formativa. Quanto ao vocabulário empregado para se dirigir ao aluno, é claro que uma análise de conteúdo dos discursos habituais revelaria freqüentemente a necessidade de substituir palavras que machucam por palavras que ajudam (Hadji, 1989, p. 140).

Sobre esse ponto, um esboço do *simbólico* da avaliação escolar pode trazer esclarecimentos... muito perturbadores, mais uma vez. Sob o sentido mais aparente das palavras, escondem-se mensagens implícitas cujos efeitos podem ser devastadores. Seria então conveniente que cada um se interrogasse sobre a "face escondida" (Barlow, 1992, p. 124) das palavras que utiliza habitualmente. Poder-se-ia ver como e por que a fala avaliadora assume um aspecto cruel, até mesmo devorador: declarar um aluno nulo, não é fazê-lo desaparecer, matá-lo semanticamente? E o que significa a obsessão em perseguir os erros? Michel Barlow propõe que se faça em equipe um estudo lexical dos termos mais correntemente utilizados por cada um (extraídos dos trabalhos ou dos boletins), até mesmo uma pesquisa das grandes categorias imaginárias que modelam a linguagem dos avaliadores. Bastaria, em um *corpus* de apreciações qualitativas retiradas, por exemplo, de um conjunto de boletins trimestrais, levantar e analisar as expressões com imagens. Ver-se-iam surgir arquétipos valorizando a atividade, a moral, a superioridade, a luz, e também a profundidade, a fineza, o poder. Ver-se-ia um imaginário marcado com muita freqüência pelo fatalismo (p. 115): "Eu sou insignificante, superficial, indolente, obtuso, suspira o mau aluno", mas que posso fazer?"). Michel Barlow postula que uma mudança de registro nas metáforas utilizadas acarretaria a longo prazo uma transformação das mentalidades e dos comportamentos. Mesmo não sendo tão otimista, pode-se, entretanto, ver em uma tomada de consciência da importância dessa dimensão simbólica um primeiro passo importante rumo a um "falar verdadeiro".

Progressos indubitáveis poderão então ser feitos no nível da gramática e do estilo. Um estudo da *gramática*, isto é, da maneira como se organizam os elementos da fala avaliativa, pode ser igualmente muito revelador. Pode-se escolher entre frases declarativas, exclamativas, interrogativas ou nominais. As enunciações declarativas informam bem o aluno sobre a qualidade de seu trabalho? (por exemplo: que interesse apresenta a fórmula: "você beira a média"?). As frases interrogativas levantam verdadeiras questões? (por exemplo: "Você trabalha suficientemente?"). As frases exclamativas, com forte carga afetiva (por exemplo: "É preciso aprender a lição!"), tem outro efeito além de perturbar a comunicação? As frases nominais, em sua "secura um tanto desumanizada" (p. 74) (por exemplo: "medíocre"), não revelam uma recusa de comunicação? A escolha do verbo também é importante: verbos de estado (freqüentes demais?) ou verbos de ação (raros demais?). Michel Barlow observa que embora a fala do avaliador diga respeito à ação, ela se contenta na maioria das vezes em dizer ao aluno o que ele é (o que se pensa saber que ele é!). Como isso poderia ajudá-lo a agir? Do mesmo modo, não é indiferente expressar-se na primeira ("Estou bem decepcionado"), na segunda ("Você zomba das pessoas"), ou na terceira pessoa ("É preciso trabalhar"). Essas escolhas induzem um tipo de relação e expressam opções pedagógicas. Da mesma maneira, o tempo dos verbos tem sua importância. O abuso do passado, o esquecimento do futuro não têm o propósito de desvendar o aluno. Igualmente, enfim, o modo dos verbos pode ser significativo: indicativo, subjuntivo, imperativo, condicional* ou infinitivo? Cada modo expressa um certo tipo de relação com a "realidade" avaliada.

Michel Barlow (1992) propõe, no eixo dessa análise, pistas muito precisas para formular uma apreciação formativa (p. 87-92). A partir da idéia de que avaliar é fazer frases (ao menos no âmbito de um discurso escrito, sobretudo no boletim escolar), sugere que se prefiram os verbos de ação aos verbos de estado; que se escolham objetos diretos e indiretos e adjuntos adverbiais precisos; e que se expresse mais no futuro e no condicional do que no indicativo e no passado. E propõe uma possível "fórmula típica" para uma apreciação com intenção formativa (p. 92):
– interpelação direta do aluno;
– exposição, no passado, dos resultados obtidos;
– análise desses resultados, com os adjuntos adverbiais adaptados;
– especificação, no condicional, da conduta a seguir no futuro;
– se necessário, encorajamentos, no imperativo;
– emprego da primeira pessoa para se envolver pessoalmente.
No mesmo estado de espírito, O. e J. Veslin (1992, parte 2, 3ª seção) esforçaram-se para estabelecer os critérios de uma anotação útil à aprendizagem, no que diz respeito à correção dos trabalhos. Em seu trabalho, encontramos inúmeros documentos muito esclarecedores. Também eles formulam algumas regras a serem seguidas:
– manifestar benevolência;

---

*N. de T. Na língua francesa, o condicional é um modo que corresponde, em português, aos tempos do futuro do pretérito simples e composto.

– dirigir-se à pessoa, mas avaliar o produto;
– tratar a produção como um momento em uma aprendizagem;
– remeter à atividade do aluno;
– escolher uma formulação, um tom, que não marginalize o erro (regra "capital" para esses autores, o que se compreende em razão do que dissemos sobre a necessária abordagem positiva do erro em uma ótica formativa).

Michel Barlow analisa, enfim, o *estilo* da avaliação escolar e propõe, além de instrumentos de formação bem concebidos, baseando-se em um estudo comparado dos estilos respectivos de uma avaliação qualificada de normativa (com as ambigüidades levantadas acima no que tange a esse termo) e de uma avaliação efetuada em uma perspectiva formativa, algumas regras para avançar em direção a esta. Em particular:
– formular frases completas;
– utilizar um repertório de qualificação suficientemente extenso (para designar o mais objetivamente possível o que se quer descrever);
– desconfiar do estilo afetivo e adotar um tom comedido;
– esforçar-se para abrir o diálogo com o aluno, sugerindo-lhe soluções realistas para melhorar seu desempenho.

Esta última regra abre o caminho de uma análise das remediações, que abordaremos na última seção desta obra, após ter dado atenção aos problemas de ordem deontológica e ética levantados pela comunicação avaliativa.

COMUNICAÇÃO, DEONTOLOGIA, ÉTICA

Michel Barlow observa que a escolha de uma pessoa (primeira, segunda ou terceira) para a enunciação avaliativa (que não deve ser confundida com a escolha de um dos tipos de avaliação distinguidos por Jean Cardinet) acarreta em cada caso um tipo de relação particular entre o avaliador-emissor e o avaliado-receptor, que não deixa de levantar problemas de ordem deontológica ou ética. As formulações na *primeira pessoa* induzem uma relação com dominante afetiva. O emissor está presente não somente como alguém que assume seu discurso, mas como alguém que é afetado em sua relação com o outro. Neste caso, a afetividade não seria uma armadilha? O avaliador não deveria ter primeiramente o dever de não se deixar "impressionar" pela pessoa do outro, para poder julgar objetivamente? Dirigir-se ao aluno na *segunda pessoa* é fazer dele o sujeito da enunciação e, por conseguinte, levar em conta o conjunto de sua personalidade. O aluno pode então ter a sensação de ser julgado em sua pessoa, e não simplesmente em seu produto, ou em seu trabalho de produção. Não haveria, enfim, uma certa covardia em formular a avaliação na terceira pessoa, adotando fórmulas impessoais (por exemplo: "é indispensável que...")? A fala que não torna presente aquele a quem ela se dirige não seria fácil demais, correndo o risco de irresponsabilidade? (Barlow, 1992, p. 79-82).

A existência desses riscos e dessas armadilhas esboça o que se poderia chamar, a exemplo de J. Habermas, de uma ética do "agir avaliacional". A relação de comunicação avaliativa (RCE) é tal que o risco mais grave é menos o de trair ou deformar o real (falta de objetividade) do que o de instaurar um jogo onde se abusa do outro (abuso de poder). Mas como, concretamente, construir tal ética? Observando, primeiramente, que o ato de avaliação é um ato de posicionamento, no sentido de: tomada de posição sobre. Desse ponto de vista, avaliar é talvez o mais primitivo ato da mente humana. Para avaliar, é preciso ter a sensação de que as coisas valem. Eu não poderia avaliar, bem se sabe, algo do qual não esperasse nada. O ato de avaliação implica, deste modo, uma relação não indiferente com o mundo, pois capaz de corresponder, ou não, a expectativas valorizadas. Foi o que denominamos de impossível indiferença (Hadji, 1994, p. 190). As situações são "lidas" através de um projeto (em pedagogia: o projeto de instruir) que as atravessa e lhes dá sentido. O avaliador não pode ser neutro ou ausente. Ele toma partido (sobre a satisfação de suas expectativas).

Porém, quando o "objeto" avaliado é uma pessoa, sua implicação torna-se muito forte. Com efeito, não somente ele deverá dizer o real, colocado então como objeto a conhecer (através de sua congruência com um projeto, o que já modifica radicalmente as condições da construção do "saber"), mas não poderá deixar de dizer algo acerca de sua relação com o avaliado. Toda comunicação, de fato, como disseram Watzlawick e outros (1972), tem dois aspectos ou níveis. Um aspecto "indício", através do qual há transmissão de informações (a comunicação tem um conteúdo). E um aspecto "ordem", através do qual se diz algo sobre a relação de comunicação. De modo que, em uma comunicação, dois indivíduos oferecem-se mutuamente definições de sua relação. *A fortiori*, na RCE: sendo a avaliação um ato de comunicação social, o professor-avaliador não poderá deixar de se pronunciar, também, sobre a relação que o une ao avaliado.

Nessas condições, a fala do avaliador é dupla. Dupla, em um primeiro sentido, na medida em que ele é um especialista... de decisão tomada: deve dizer o real (como um especialista "objetivo"), mas à luz do que deveria ser (leitura orientada). Duplo, em um segundo sentido, na medida em que oferece (e, na maioria das vezes, sem ter clara consciência disso) uma "definição" da relação vivenciada no seio da RCE que diz simultaneamente o valor e o lugar tanto de um como do outro. Em situação de comunicação didática, o fenômeno foi muito bem analisado por Yves Chevallard, no que diz respeito ao problema dos lugares em relação ao saber, o que ele (1991, p. 73) designa como a topogênese do saber. O professor deve mostrar que sabe sempre mais, e diferentemente, do que o aluno. A "diferença dos lugares" (p. 75) é marcada quantitativa e qualitativamente. Por exemplo: ao professor é reservada a teoria, ao aluno, a aplicação. Para Yves Chevallard, de um lado, a legitimidade social do projeto de ensino depende da manutenção dessa dupla distância (o que seria de uma escola onde os alunos soubessem tanto e tão bem quanto os professores?). E, de outro, a aceitação desse sistema é facilitada pelo desconhecimento da diferenciação em sua dimensão estrutural. O professor, por exemplo, não tem senão uma "consciência mistificada" (p. 77) da natureza e das condições de seu domínio: pensará a diferença em termos de nível dos alunos, e não em termos de diferenças de lugares professor/aluno em uma topogênese.

Essa análise levanta a questão de saber como, em tal "sistema didático", um aluno pode realmente tornar-se tão competente quanto o professor. A gestão do tempo didático impede, praticamente, a aprendizagem do aluno, que só pode construir seu próprio saber com a condição de distorcer e perverter o "tempo didático oficial" (Chevallard, 1991, p. 81) dentro do qual o professor trabalha para garantir a perenidade do sistema de lugares. Mas, para nós, o mais importante é observar que o avaliador escolar é levado, de uma maneira quase natural (está na "natureza" de seu trabalho didático), quer saiba ou não, quer queira ou não, a trabalhar assim... para manter o aluno em seu lugar de aluno. E ele precisará primeiramente de muita lucidez (sua consciência deverá ser desmistificada), e posteriormente de verdade, para resistir a essa tendência.

Ora, essa resistência corre o risco de ser ainda mais difícil porque, primeiramente, a situação de "dupla fala" é passível de provocar muitas "derrapagens" e condena quase à dupla linguagem; e porque, a seguir, seria preciso ser particularmente virtuoso para não sucumbir à tentação de marcar e de perenizar sua posição superior. De modo que a RCE é espreitada, utilizando os termos de Watzlawick, pela doença. Pois (Watzlawick e outros, 1972, p. 50) quanto mais "saudável" é uma relação, mais o aspecto "relação" da comunicação passa para segundo plano. Ao passo que, inversamente, relações "doentes" caracterizam-se por um incessante debate sobre a natureza da relação, que acaba por tirar toda importância do conteúdo da comunicação. Certos avaliadores não passam seu tempo repetindo: "Eu sou o professor aqui"?

Seria ainda mais importante escapar à doença pela qual a avaliação pode ser vista, de um ponto de vista social, como um "contrato de confiança". Na avaliação certificativa, a sociedade se envolve. O avaliador expede um certificado social, o que acarreta uma tripla exigência: ter certeza de que o produto ao qual se concede o certificado possui as qualidades intrínsecas que se pode esperar dele; ter certeza, conseqüentemente, de que a avaliação não é dependente demais do contexto, fator de acasos; ter certeza, enfim, de que as condições de "certificação" eram justas, isto é, de que todos os "produtos" tinham as mesmas chances. Essas três exigências acarretam uma luta contra tudo que pode fazer da avaliação uma loteria. Mas talvez essa luta seja ainda mais necessária quando se trata de uma avaliação com intenção formativa. É verdade que a sociedade não se envolve explicitamente cada vez que o professor avalia. Entretanto, como já vimos com Yves Chevallard (1990), a avaliação tira seu direito de avaliar de sua pertença a uma instituição, e da "paixão institucional" (1990, p. 21) que a anima. "Todo 'juiz' fala e sustenta sua declaração enquanto sujeito apaixonado por uma instituição – mesmo que não fale 'em nome' da instituição" (p. 26). A pertença do aluno à mesma instituição recria, portanto, *ipso facto* as condições do necessário contrato de confiança. Em segundo lugar, o aluno, como indivíduo que se forma no âmago dessa instituição, tem direito, para sua própria avaliação, às três características que a sociedade pode exigir de uma avaliação certificativa: uma avaliação centralizada no "objeto" concernido pela expectativa social, independente de seu contexto e equânime.

Examinamos anteriormente as dificuldades ligadas às exigências de objetividade e de descontextualização. O problema específico, do ponto de vista da comunicação, diz respeito à exigência de justiça e de eqüidade. Trata-se de estabelecer as bases de uma confiança de ordem ética. Poder-se-ia dizer, de homem para homem. Pois o que está em jogo na RCE do ponto de vista ordem ou relação envolve fortemente a afetividade. O risco maior para o avaliador é então representado pela tentação do prazer culpado (Hadji, 1994, p. 191). Que prazer? O de dominar, de se mostrar em posição superior, de manter o outro em posição inferior. "A onipotência de dar notas: um prazer que vem do inferno e que não pode ser olhado de frente" (Ranjard, 1984, p. 94). É o prazer, escreve Ranjard, do Poder com maiúsculas. Por que culpado? Ranjard avança uma primeira razão: porque oposto aos ideais democráticos em geral, e pedagógicos em particular. Acrescentamos uma segunda: há satisfação perversa do "desejo que todo homem tem de ser confirmado naquilo que é" (Wtazlawick e outros, 1972, p. 84). Com efeito, é abusivo tirar proveito de uma relação que deveria estar a serviço do avaliado. É ele, sobretudo, que precisa ser confirmado "naquilo que é, e naquilo que pode tornar-se" (p. 84.). Fazer da avaliação uma ocasião para celebrar e perenizar sua posição superior é uma manifestação de egoísmo, um sinal de esquecimento, até mesmo de rejeição do outro. É abuso de poder. O avaliador só pensa em si e usa a situação em seu único proveito. Sejamos claros: isso é condenável de um duplo ponto de vista: moral (voltaremos a isso) e pedagógico, na medida em que a confirmação de si é *para o aluno* uma condição do êxito.

Há abuso de poder quando o avaliador não pode se impedir de humilhar o avaliado, declarando-lhe, por exemplo, que ele é um "zero", que não vale nada.

Há abuso de poder quando o avaliador sente-se importante e forte só por causa da fraqueza do outro; quando ele se compraz na gestão do tempo didático. Poderia ele sentir um prazer saudável nisso? Sim: um prazer finalizado pela preocupação com o outro e com seu desenvolvimento. O prazer de contribuir, por meio da avaliação, para o desenvolvimento positivo do outro. O prazer de colocar sua posição superior (pois, apesar de tudo, o professor sabe mais e diferentemente) a serviço do trabalho de integração, de reorganização, e de retomada, pelo qual o aluno aprende efetivamente, o tempo da aprendizagem encontrando então o do ensino.

Um modo de escapar a essa deriva rumo ao prazer doentio e ao abuso de poder é instalar-se em uma certa economia do silêncio. Mais do que ser levado, por preocupação de lucidez e de justiça, em um processo sem fim de questionamento (do valor daquilo que se valoriza, da pertinência de suas observações, do bom uso de seu poder), calar-se ou, o que dá no mesmo, falar para não dizer nada. Assim, a tentação pode ser grande tanto para o avaliador quanto para o avaliado. O avaliador que não dirá nada, dizendo demais (a apreciação, como conversa inútil e mundana que não responde a nenhuma questão precisa), ou muito pouco (a nota, em sua secura), ou coisas incompreensíveis (o jargão de especialista). O avaliado, que não se envolverá realmente na atividade de avaliação, que não buscará dar um *feedback* ao avaliador, que agirá como se nada disso lhe dissesse respeito. De um lado, falar para nada dizer. Do outro, fingir escutar para nada ouvir. De onde um silêncio atordoante (em uma comunicação ao menor custo frisando a ausência de comunicação: quanto mais se avalia, menos se fala). Ou um barulhão anestesiante (na multiplicação das avaliações... e dos debates sobre a avaliação que não trazem nada à prática e nada mudam de sua realidade: quanto mais se fala disso, menos se muda.

Como, nessas condições, falar adequadamente? Vamos levantar uma hipótese de ação e propor um método para determinar os princípios suscetíveis de tornar a avaliação mais justa, do ponto de vista das exigências de ordem ética.

A hipótese de ação baseia-se precisamente em um princípio de ordem ética, que dá sentido à nossa concepção da educação como "encontro majorante" (Hadji, 1992), da pedagogia como acompanhamento de um desenvolvimento, e da positividade de uma avaliação com intenção formativa, conforme a "convicção fundadora" exposta no início desta obra: toda prática que se quer educativa está a serviço daqueles a quem diz respeito. Cabe, portanto, aos avaliadores não somente dar o primeiro passo, mas operar a mudança de atitude que permitirá que a avaliação saia do reino das máscaras, evitando a armadilha do fechamento em posições complementares e superando a situação de fala impedida (em uma economia do silêncio). As vantagens encontradas nesta última situação não passam de barreiras de proteção contra o medo. Para o professor, medo de perder sua posição superior e de não ser realmente capaz de ajudar. Para o aluno, medo de expor sua imperfeição atual e de ter que se envolver e trabalhar realmente. Mas que risco corre efetivamente o avaliador, ao sair do silêncio acima descrito, e ao tentar "falar para dizer"? O risco é triplo. Perder sua posição superior. Ser levado em um movimento sem fim de questionamento; enganar-se sobre o valor em nome do qual se envolverá realmente. Mas sair de uma relação complementar e colocar o outro em posição superior não é o próprio objetivo de toda relação educativa? Mesmo que o questionamento possa desestabilizar, o questionamento e a pesquisa não são as tarefas próprias do professor? Enfim, o risco de se enganar de valor não é ainda maior quando se recusa a levantar a questão do valor de seus valores?

Cabe então ao professor-avaliador, primeiramente, ousar enfrentar seu medo, correndo o risco de "falar", isto é, de apreciar, comentar, julgar, interpretar. Assumindo o risco de se enganar, de não saber. Aceitando o princípio da discussão e do questionamento eventual dos princípios em nome dos quais ele julga e decide. Decindindo escutar realmente aqueles que avalia. Isso significa, para o avaliador, mostrar-se "falível", em sua autenticidade de homem:

– não totalmente certo de seus valores, mas ao menos interrogando-se sobre eles;

– de modo algum titular de uma posição superior vitalícia, mas mais avançado e melhor que o aluno em certas áreas de competência;

– em nenhum caso onisciente, mas sempre desejoso de aprender e de se aperfeiçoar.

É isso o que exige uma ética da fala avaliativa, levando ao princípio de ação que pode ser assim resumido: *assumir o risco de falar verdadeiramente, dando um verdadeiro conteúdo à comunicação*. Talvez, então, a relação se torne sadia, e o aspecto "relação" passe precisamente para o segundo plano.

É possível, a partir daí, extrair um método para afrontar os problemas de ordem ética levantados pela comunicação avaliativa?

Primeiramente, convém, a fim de especificar o que é de ordem propriamente ética, distinguir três níveis de análise. Com efeito, os problemas levantados pela avaliação, como prática, são problemas de ação. Uma ação sempre expressa, como diz Emmanuel Kant, uma máxima, que é "o princípio do querer segundo o qual a ação é conduzida". Um princípio é, precisamente, seja uma proposição primeira, posta e não-deduzida, seja uma regra de ação, apoiando-se em um julgamento de valor. Uma máxima, porém, é subjetiva (válida para a vontade de um único sujeito). Poderia tornar-se uma "lei" objetiva, válida para a vontade de todo ser racional? Sim, se corresponder a um imperativo categórico, dando uma ação por necessária em si mesma, e não simplesmente hipotética, isto é, representando uma ação como necessária para chegar a um fim distinto dela. A ética é a busca de imperativos categóricos que expressem regras necessárias, que valham universalmente, quaisquer que sejam as circunstâncias.

Essa busca permite distinguir três níveis de princípios. Propomos um método simples para conduzi-la: fazer incessantemente a pergunta: " E por quê?" Princípios surgirão então.

1) Princípios de ordem ética

A máxima que corresponde a eles se expressará da seguinte maneira: *deve-se fazer o que revela-se eficaz em um campo de exercício profissional determinado*. E por quê? Porque uma ação deve atingir seus objetivos. O princípio não é, portanto, categórico. Levanta-se a questão de saber o que valem os objetivos. Não se pode, então, ficar neste primeiro nível.

2) Princípios de ordem deontológica

A deontologia é etimologicamente a ciência dos deveres. O termo designa o conjunto das regras e deveres profissionais. A máxima correspondente se expressará assim: *deve-se fazer o que é considerado legítimo em uma comunidade de ação determinada*.

E por quê? Porque é razoável e prudente respeitar as regras morais que formam consenso em um determinado campo de atividade, em dado momento; esperando, como dizia René Descartes, encontrar outras melhores! A deontologia definirá os comportamentos que se impõem e aqueles que devem ser proscritos. Mas em nome de quê? O consenso profissional não dá nenhuma legitimidade absoluta. A deontologia não é seu próprio fundamento. Como decidir, de fato? Um único critério possível: a "distância" do comportamento (pregado ou recusado), em relação ao fim visado. O que a deontologia condena é o esquecimento dos fins. Tudo depende do valor dos fins.

3) Princípios de ordem ética

A máxima será enfim: *deve-se fazer o que se impõe como um dever absoluto, por referência a um fim absoluto*.

Não é fácil mostrar que é possível determinar assim um "fim absoluto", isto é, designar um valor universal. Fizemos isso em outro trabalho (Hadji, 1992). Observaremos apenas aqui que a busca de tal valor sempre leva à pessoa humana, que deve ser ajudada a desenvolver-se, cuja liberdade deve ser respeitada; que convém, em suma, respeitar. Para nós, o único valor universal possível é o ser humano, que vale porque jamais se reduz ao que é atualmente, sendo sempre capaz de desenvolvimento.

Seja como for, retenhamos o método: *em relação a cada risco fundamental espreitando o avaliador no que diz respeito à RCE* (por exemplo: avaliar fora de propósito; enganar-se sobre o valor; abusar de sua posição superior), *buscar "remédios" sob a forma de regras de ação correspondendo, na ordem, a princípios técnicos, deontológicos e éticos.*

Deixando a cada um o cuidado de realizar esse trabalho, daremos um único exemplo:

– Risco fundamental: abusar de sua posição superior (sentir um prazer culpado; humilhar o avaliado);
– "Remédio" de ordem técnica: tornar seus dispositivos transparentes. (Isso aumentará a eficácia da avaliação);
– "Remédio" de ordem deontológica: recusar-se a avaliar em um contexto de relação de forças (todos os avaliadores deveriam recusar-se a isso);
– "Remédio" de ordem ética: somente aceitar exercer seu poder de avaliador se ele contribuir para que o avaliado assuma o poder sobre si mesmo (o desenvolvimento de um sujeito autônomo e senhor de si é o fim "absoluto" de um trabalho de tipo educativo).

7 Agir remediando de modo eficaz

A REMEDIAÇÃO, COMO ATO PEDAGÓGICO

Este último momento de nossa análise da ação será o mais curto. Por uma razão essencial: a remediação não é uma atividade de ordem avaliativa, mas pedagógica.

Em sua análise do processo de formação, Marcel Lesne (1984) distingue quatro grupos de elementos, que dizem respeito ao projeto, ao planejamento, ao "processo pedagógico" e, enfim, à regulação. Deste último ponto de vista, ele identifica a atividade de controle, de condução e de avaliação. Para ele, o controle tende a manter a coerência entre objetivos e meios de ação, e de evolução das pessoas. A condução visa à manutenção da coerência entre o processo de formação e o contexto (a situação). A avaliação tem o objetivo de julgar a adequação dos resultados ou efeitos aos objetivos (1984, p. 57-64). Controle, condução e avaliação são, portanto, atividades de orientação. Por este termo, pode-se entender uma condução informada por operações de controle e de avaliação. Controle e condução são operações que se inscrevem em uma dinâmica. Isso é claro para a condução. Porém, o controle também é definido aqui como uma operação de manutenção de coerência inscrita em uma duração, no sentido do autocontrole de Georgette Nunziati, o que afasta do controle estático e centrado no espaço denunciado por Jacques Ardoino e Guy Berger (1986). A avaliação implica, por sua vez, uma certa suspensão da ação: distancia-se para ter uma visão global, para apreciar a situação atual com referência ao objetivo. Portanto, teríamos, de um lado, operações inscritas na dinâmica e na duração da ação (controle, condução), do outro, uma operação através da qual se marca um tempo de suspensão e se toma distância para julgar.

Contudo, pode-se fazer a observação de que o controle e a condução também exigem tempos de tomada de informação (o que quer dizer suspensão, mesmo breve, o tempo da tomada). Essa informação é imediatamente tratada em vista de um ajuste da ação: "ações corretivas" no âmbito do controle, reajuste do processo no âmbito da condução (Lesne, 1984, p. 59-60). A diferença da avaliação seria que, nesta, o reajuste (pois, então, "tiram-se conclusões") é diferido. O ritmo da articulação tomada de informação/ajuste é mais lento, o que permite ter tempo para o julgamento.

Por isso, parece-nos mais fecundo considerar que toda atividade de orientação inscreve-se no âmbito geral de uma regulação, isto é, da otimização de um funcionamento por meio da utilização adequada da informação reativa. Todo mecanismo de regulação comporta, de fato, como Linda Allal mostrou muito bem, baseando-se em Jean Piaget, dois aspectos ou momentos (Allal, 1988, p. 96):

– um aspecto de *feedback*, através do qual nos situamos em relação ao objetivo;

– um aspecto de encaminhamento, através do qual ajustamos a ação em relação ao objetivo.

Quando se trata de regulação de atividades de aprendizagem, o encaminhamento (ajuste ou reorientação da ação) pode pertencer ao aluno (autocontrole, auto-regulação), ou ao professor (regulação externa). Porém, nos dois casos, a adaptação é um trabalho de ordem pedagógica e/ou didática. A avaliação situa-se na vertente *feedback*, quando este se traduz por um julgamento. É uma atividade explicitada pela avaliação, mas que escapa à avaliação enquanto tal.

Devia-se então considerá-la nesta obra... para abandoná-la imediatamente? Sim:

1) Para compreender melhor ainda, terminando nosso trabalho de investigação sobre uma avaliação com intenção formativa, o que é a avaliação, e o que se pode esperar dela.

Portanto, para que não nos enganemos na construção do referente que nos permitirá avaliar... a avaliação, para saber, por exemplo, se ela não é tempo perdido do ponto de vista da ação didática. Com efeito, quando Daniel Bain recrimina a avaliação formativa por deixar o professor "entregue a si mesmo", no momento, de fato, crucial (do ponto de vista da ação didática), "da escolha de uma remediação adequada" (Bain, 1988, p. 31), ele está certo, agora nós o compreendemos, em seu diagnóstico, mas errado em seu julgamento. Com efeito, o avaliador jamais poderá prescrever uma remediação, porque este não é seu papel. Não pode portanto ser recriminado por isso. É ao regulador da ação de aprendizagem que cabe articular adequadamente *feedback* e encaminhamento. Esse trabalho é de ordem pedagógica (se considerarmos o que se passa, em tempo real, quando alunos aprendem, em aula, sob a condução do professor, no âmbito de uma relação funcional, interpessoal e social) ou didática (quando se considera a estruturação e a gestão dos conteúdos no âmbito do tempo didático do ensino). A avaliação corresponde a uma autonimização do tempo de *feedback*, quando o distanciamento que a tomada de informação permite operar é tal que torna possível um julgamento. Avaliar é informar-se para julgar. Remediar é ajustar a ação, apoiando-se no *feedback*. Pode então haver:

• Remediação sem avaliação prévia: é o caso da condução ou do controle no sentido acima. Há reajuste imediato, e contínuo, sem fase autonomizável de julgamento. O esquema então é: *feedback* → remediação.
• Remediação após avaliação, quando o julgamento foi formulado e a ação se apóia sobre suas "conclusões" (M. Lesne). O esquema então é: ((*feedback* → julgamento) → remediação).
• Avaliação não seguida de remediação: é o caso prototípico da avaliação cumulativa. O esquema então é: ((*feedback* → julgamento) → nada).

O momento próprio da avaliação é exatamente aquele do julgamento, quase no sentido dado ao termo pelo filósofo Alain: o ato da mente que toma partido e decide sem esperar tudo saber, ato inseparável da vontade, e que sempre envolve algo da ordem do valor. "Sempre encontramos no julgamento uma afirmação (é uma tomada de posição), um risco (não se esperam as provas) e uma referência ao homem (o espírito como valor)" (Pascal, 1970, p. 126).

2) Para ver melhor como a avaliação pode esclarecer a ação, determinando algumas condições para uma boa articulação *feedback* → encaminhamento, dentro de um esquema ((*feedback* → julgamento) → ajuste), já que a ambição da avaliação com intenção formativa é de inscrever-se neste esquema.

ALGUMAS REFERÊNCIAS PARA UMA "REMEDIAÇÃO" EFICAZ

Vamos nos limitar a dar algumas indicações em torno de duas palavras chaves, que expressam duas qualidades fundamentais que o "remediador" deverá ter, a inventividade e a lucidez.

Não se limitar a uma visão estreita da remediação

Até agora, usamos sem maior análise o termo remediação, por admitir a necessidade de remediar, no sentido expresso, por exemplo, por Jean Cardinet (1986, p. 71): "A avaliação formativa é um mito se não levar a uma ação corretiva eficaz". É necessário então um forte vínculo entre diagnóstico e remediação. Para nós, esse era aliás o primeiro princípio suscetível de orientar o "tratamento" pedagógico (Hadji, 1992, p. 164): toda remediação deveria se referir a um diagnóstico.

Contudo, Linda Allal (1988) observa que o uso do termo remediação encerra em uma concepção clássica da pedagogia de domínio, em uma perspectiva, na melhor das hipóteses, neobehaviorista. A remediação evoca demasiadamente o retorno ao mesmo: repetição da lição, exercícios de mesmo tipo, atividades de recuperação. Um vínculo muito forte atividade-dificuldades a superar pode imobilizar a ação sobre o obstáculo. Há aí como que o simétrico, em negativo, do interesse do objetivo-obstáculo. De algum modo, pensar remediação é forçar-se a avançar voltado para o passado. Dever-se-ia poder passar do mesmo (remediação) ao diferente (novos contextos, novas atividades). De onde o conceito de uma "regulação proativa", que corresponde à figura de realização mais desejável do esquema (*feedback* → julgamento) → ajuste). Linda Allal distingue, de fato, regulação imediata e regulação diferida. A primeira, ou regulação interativa, corresponde a nosso esquema (*feedback* → ajuste). A regulação é integrada, de modo imediato. O momento do julgamento não se autonomiza. A segunda pode assumir duas formas. Aquela da remediação, ou regulação retroativa, voltada para o passado. E aquela da regulação proativa, caracterizada pela busca de novas atividades no âmbito, por exemplo, da execução de uma pedagogia diferenciada (Allal, 1988, p. 97-100). Deve-se ver nessa análise um convite a dar provas de inventividade, na busca de atividades de consolidação e de aprofundamento, de atividades novas e diferentes, ao invés de se contentar com uma "remediação obsessiva" (p. 103), que tem boas chances de permanecer inútil. Esse convite inscreve-se claramente na segunda grande condição estabelecida no início desta parte.

Ter clara consciência dos eixos possíveis de ação

1) Dever-se-ia sempre, primeiramente, ter consciência de que a regulação pedagógica pode visar dois grandes alvos:

– Evidentemente, as atividades do aluno: os exercícios ou as tarefas que lhe são propostos; as atividades, sejam concretas e diretamente observáveis (por exemplo: manipular, observar, realizar um esquema), sejam abstratas e somente dedutíveis (por exemplo: analisar, discriminar) que a tarefa lhe dá oportunidade de efetuar, etc.
– Mas também as atividades do professor, que dispõe de uma variedade de modalidades de ação. Ele pode expor, questionar, sugerir, contra-sugerir, fazer interagir, etc. Louis Legrand (1986) considera três grandes campos de variação, refe-

rentes a três variáveis. As linguagens (discursos, representações, manipulação). A inserção contextual das noções estudadas em segundo lugar (abordagem concreta ou estudo teórico). Enfim, a situação relacional da aprendizagem (situação coletiva, trabalho individual, trabalho de grupo). As atividades do professor vão induzir atividades específicas nos alunos. O professor deve, desse ponto de vista, considerar-se como um instrumento de regulação, e ver nas variações de sua própria conduta (diferenciação de suas maneiras de ser e de fazer) um meio de ação que pode revelar-se particularmente eficaz.

2) Porém, ao mesmo tempo que toma consciência da importância da faceta constituída pela variabilidade das formas de sua própria ação, o professor deve tomar consciência dos limites da regulação que "dirige" diretamente.

Desta forma, convém distinguir, com Philippe Perrenoud (1991), três grandes formas de regulação das aprendizagens. Ao lado da regulação pelo professor, que não passa, escreve ele (p. 55), de uma "regulação por falta", devendo intervir apenas quando as outras formas tiverem "esgotado suas virtudes", operam-se efetivamente uma regulação pela ação e pela interação, e uma auto-regulação de ordem cognitiva. A aprendizagem se nutre primeiramente "das regulações inscritas na própria situação de interação" (p. 60). Essa regulação "natural", pela ação e pela interação, tem duas dimensões. Aquela de um confronto com o real: toda aprendizagem procede por tentativas e erros. E aquela de uma interação social: toda aprendizagem em aula coloca em jogo mecanismos que dependem do conflito sociocognitivo (Doise e Mugny, 1997). É a ação, sob essa dupla dimensão, que leva o professor a modificar suas representações, e a adaptar seus esquemas de intervenção e modelos de comportamento. O primeiro professor primário é, assim, o real ao qual a ação confronta. O professor só pode, na melhor das hipóteses, ordenar o real (recorte e manipulação do contexto, "preparo didático") para lhe dar mais chances de se tornar "instrutivo". Mais importante ainda, pois o aluno é o principal ator de suas aprendizagens (ninguém poderá jamais aprender no seu lugar), é a auto-regulação de ordem metacognitiva, através da qual o aluno regula seus próprios processos de pensamento e de aprendizagem.

3) Todavia, mesmo que seja possível distinguir esses três níveis (regulação externa exigindo a intervenção do professor; regulação devido à interação com o real; regulação pelo sujeito de seus próprios processos), isso não significa que sejam exclusivos.

Por um lado, do ponto de vista do aluno, esses três circuitos se organizam em sistemas sob a primazia da auto-regulação metacognitiva. É a partir de seu "sistema interno de orientação" que o aprendiz "gere" seu confronto com o real, real do qual faz parte o professor que, do ponto de vista do aluno, não é senão um elemento, entre outros, a ser inscrito nas circunstâncias da aprendizagem! Para o aprendiz, a regulação externa é apenas uma faceta da regulação pela ação.

Por outro lado, a ação do professor (regulação externa) não tem por objeto senão nutrir e orientar positivamente a regulação pela ação, a fim de contribuir para um enriquecimento da regulação metacognitiva que é exatamente, do ponto de vista da aprendizagem, a chave do sistema.

Portanto, a questão pedagógica fundamental para o professor é: "Como devo intervir sobre e no âmbito e contexto da atividade de aprendizagem dos alunos para facilitar essa aprendizagem e, nessa ocasião, contribuir para o enriquecimento do sistema interno de orientação do aluno?". Em outras palavras, do ponto de vista da ação pedagógica, é o circuito de regulação pela ação e interação que deve ser o objeto de todas as atenções, o professor não podendo intervir senão modelando a aprendizagem.

4) Pode-se então entrever como é possível agir, por intermédio do circuito 2 (regulação pela ação) sobre o circuito 1 (regulação metacognitiva).

Linda Allal ilustra brilhantemente essa possibilidade, distinguindo três níveis de execução das regulações metacognitivas. Em cada um desses níveis, o professor pode considerar intervenções passíveis de sustentar e de promover o processo de auto-regulação do aluno. No que tange às "regulações *on-line* integradas ao processo de produção", e implicando decisões referentes a uma parte ou uma fase da tarefa (por exemplo: reler a frase que se acaba de escrever para escolher a palavra que iniciará a segunda), poder-se-á colocar à disposição do aluno um *software* de assistência ao trabalho de escrita (Allal, 1993, p. 90). A regulação "em relação com a gestão da tarefa" poderá ser facilitada, seja no início, por uma estruturação da situação didática prevendo confrontos entre os métodos de trabalho de uns e outros, em uma perspectiva de avaliação mútua, por exemplo, seja no final recorrendo a instrumentos que favoreçam o distanciamento e o recuo crítico, tais como as grades de controle, ou os questionários interativos. Enfim, para as "regulações ligadas à gestão das relações entre tarefas e contextos didáticos", referentes à gestão do tempo didático, práticas de "contrato pedagógico" ou de "pedagogia por projeto" podem oferecer um quadro que permite ao aluno adquirir um domínio progressivo daquilo que constitui (cf. Chevallard, 1991) o campo de ação próprio do professor-didático.

Vê-se bem que embora as possibilidades de intervenção sejam diversas (sendo a diversidade, agora já se sabe, um fator que deve ser privilegiado), o princípio que preside a busca e a invenção de modalidades de ação é sempre o mesmo:

Mesmo sabendo que jamais se passará de um auxiliar no processo de aprendizagem dirigido pelo aluno, *buscar e operacionalizar tudo o que, seja no início (na estruturação da situação didática), seja no desenrolar (pelo aporte de instrumentos adequados de auxílio à tarefa), seja no final (pela disponibilização de instrumentos de auto-avaliação) da atividade do aluno for mais suscetível de favorecê-la no sentido de um controle melhor.*

Em última análise, é preciso pensar seu trabalho de ensino como atividade de estruturação e de apoio a partir da ação de aprendizagem do aluno. Ainda que o problema da "remediação" nos faça sair da problemática da avaliação no sentido estrito, vê-se que a vontade de tornar a avaliação formativa passa por um melhor conhecimento e por um melhor acompanhamento do processo de aprendizagem.

Concluindo provisoriamente

Tentemos expressar, de maneira clara e sucinta, as respostas a algumas perguntas que provavelmente motivaram a leitura desta obra (e, em todo caso, sua redação).

O que é, finalmente, avaliar?

Não é nem medir um objeto, nem observar uma situação, nem pronunciar incisivamente julgamentos de valor. É pronunciar-se, isto é, tomar partido, sobre a maneira como expectativas são realizadas; ou seja, sobre a medida na qual uma situação real corresponde a uma situação desejada. Isso implica que se saiba o que se deve desejar (para pronunciar um julgamento sobre o valor, desse ponto de vista, daquilo que existe); e que se observe o real (será preciso coletar observáveis) no eixo do desejado. A avaliação é uma operação de leitura orientada da realidade.

Pode a avaliação ser objetiva?

Não à maneira de uma medida, em função do que precede. Além disso, a avaliação escolar efetua-se em um contexto social e inscreve-se em um processo geral de comunicação/negociação. O julgamento do ator-avaliador é então alterado por fatores sociais: sua história, suas representações, sua percepção do contexto. Do mesmo modo, o "objeto" avaliado (um sujeito que aprende, em suas atividades, o produto de suas atividades, ou as competências que transparecem em suas atividades), é ele próprio um ator social cujo comportamento reflete a influência de fatores sociais de mesmo tipo. Isso quer dizer que a objetividade é impossível? Estritamente falando, sim. Todavia:

a) Nada impede que se tente delimitar melhor o objeto da avaliação fazendo o esforço de designá-lo, o que equivale a construí-lo, no eixo de uma "linha de coerência" objetivo (pedagógico) → objeto (a avaliar) → observáveis (a determinar).

b) Nada impede que se tente neutralizar, ao menos em parte, os viéses sociais, progredindo para uma maior transparência pela determinação de um "contrato social" (Yves Chevallard) que determine e fixe as regras do jogo (cf. Hadji, 1989).

Porém, talvez mais do que objetividade, deve-se buscar a pertinência e a justiça.

A avaliação é importante?

Certamente o é em seus efeitos: construção do destino escolar do aluno; inscrição em uma espiral de êxito... ou de fracasso!

Ela o é em seu uso social dominante em situação de classe, como elemento chave da negociação didática.

Entretanto, também o é, objetivamente, como momento forte em um processo de regulação. O esquema (ação → (*feedback* → julgamento) → ajuste) evidencia, de um lado, que a avaliação é apenas um momento em um processo geral de condução da ação, mas, de outro, que esse momento é decisivo. Dentre as três operações cognitivas distinguidas por Linda Allal (1993, p.88), ou seja, a antecipação, o controle e o ajuste, a operação central de controle (comparação entre um estado-dado e um estado-objetivo a atingir) é uma condição *sine qua non* do ajuste. Essa operação de controle ou de monitoração pode ser fugidia (avaliação implícita) ou, se assim se pode dizer, não-controlada (avaliação espontânea). Pode-se esperar torná-la formativa, acentuando-a, organizando-a, instrumentalizando-a para auxiliar o aluno a "apreendê-la", a dominá-la, e talvez a integrá-la de modo tal que possa fazer parte desse autocontrole quase automático que faz a grande força do especialista. Do novato ao especialista, é necessária, sem dúvida, a passagem por fases autonomizadas, e trabalhadas, de avaliação instrumentalizada com vocação formativa.

Qual é, em avaliação, a utilidade da pesquisa?

a) A pesquisa que considera a atividade de avaliação como objeto nos permitiu, de fato, compreender melhor o que significava avaliar. Ora, para avaliar bem, é preciso primeiro avaliar, isto é, executar corretamente um ato conforme sua essência, ao invés de aproveitar de sua ambigüidade (que o saber produzido pela pesquisa contribuiu para eliminar) para fazer qualquer outra coisa (assumir seu apetite de poder, ou servir a ideologia da excelência, por exemplo).

b) A pesquisa em psicologia cognitiva da aprendizagem deveria, nos próximos anos, revelar-se muito útil para delimitar melhor o que é ao mesmo tempo o objeto da aprendizagem e de sua avaliação, ou seja, os "objetos mentais", utilizando uma expressão de Jean-Pierre Changeux, que o aprendiz constrói (representações, conceitos, competências, etc.), até mesmo os próprios processos de produção.

c) A pesquisa em pedagogia, em didática, ou em ergonomia cognitiva das aprendizagens (estudo dos ambientes instrutivos, descrição e análise das características situacionais do trabalho do professor) pode esclarecer e nutrir o trabalho de escolha e/ou de invenção de atividades de "remediação".

Contudo, o saber não é antinômico da vontade. E não é suficiente para permitir a criação infalível de uma prática de avaliação tão eficaz quanto justa. Desta forma:

A avaliação não deveria ser utilizada com precaução?

Certamente! A avaliação pode-se revelar extremamente perigosa. Perigosa para o aluno, pego na armadilha das categorizações (J.-M. Monteil, R. Perron), dos julgamentos socialmente enviesados (P. Merle), vítima de um professor ardiloso na arte da negociação didática (Y. Chevallard), ou então sucumbindo à tentação do prazer culpado. Perigosa para o professor, agente inconsciente de uma operação de manutenção da ordem social, ou inebriado pela tentação de sua confirmação em posição superior.

Para lutar contra esses perigos, os remédios são técnicos (situar-se o mais próximo possível do ato de avaliação em sua essência), deontológicos e/ou [pois tudo acaba aí] éticos). O principal risco não é a falta de objetividade, mas o uso perverso da relação de comunicação avaliativa. A urgência, hoje, é sem dúvida trabalhar para a emergência de uma ética do agir avaliacional.

A avaliação poderá (enfim) tornar-se formativa?

Certamente, será preciso superar obstáculos "objetivos", tais como a existência de representações inibidoras, a relativa pobreza dos saberes disponíveis sobre os objetos de aprendizagem/avaliação, ou a inércia dos atores que, por preguiça ou por medo, não ousam assumir o risco de experimentar, mudar, inventar. E tomar a palavra, finalmente, para dizer, o mais "objetivamente" possível (no eixo de uma linha de pertinência questões → observáveis), o mais claramente possível (em relação ao imperativo de "significância") e o mais honestamente possível (do ponto de vista da exigência ética) o que se pensa da situação do aluno, e de sua adequação ao objetivo.

Para que a avaliação se torne formativa, será necessário que os professores dêem provas, antes de tudo, de coragem. A coragem necessária para ousar falar, e "julgar".

Alain via no julgamento o momento do soberano: "julgar, e não submeter, é o movimento do soberano" (em Pascal, 1970, 0. 124). Colocar o julgamento de avaliação, que o aluno começa por sofrer, a serviço de uma dinâmica que lhe permitirá tornar-se ele próprio soberano, e não mais submeter, este é o desafio àqueles que desejam tornar a avaliação formativa.

Talvez seja necessário, para que todas as condições de um êxito desse desafio estejam reunidas, um pequeno milagre. Por que não esperar, já que, como canta Guy Béart:

O milagre vem de todo lugar...
Das flechas que erram seu alvo
Daqueles que queriam o impossível
E que o alcançam de repente[*]

Não basta, para começar,

que cada um lance sua luz?

A avaliação formativa é um combate diário.

---

[*] N. de T. Conforme o original: *"Le miracle vient de partout.../ Des flèches qui ratent leur cible/ De ceux qui voulaient l'impossible/ Et qui l'atteignent tout à coup"* / *"que chacun donne sa lumière?"*

Referências bibliográficas

ALLAL L. Vers un élargissement de la pédagogie de maîtrise. In HUBERMAN M. *Assurer la réussite des apprentissages scolaires.* Neuchâtel: Delachaux et Niestlé, 1988, p. 86-126.
_____., et *al., L'évaluation formative dans un enseignement différencié.*Berne: Peter Lang, 1979.
_____., et *al., (sous* la direction de), *Évaluation formative et didactique du français.* Neuchâtel Delachaux et Niestlé, 1993.
ARDOINO J., BERGER G., "L'évaluation, comme interprétation". *Pour,* 107, 1986, p. 120-127.
ASTOLFI J.-P., "Le traitement didactique des obstacles en sciences, questions de recherche". *Cahiers du Séminaire R21,* 2, 1993, p. 271-285.
ASTOLFI J.-P., DEVELAY M., *La didactique des sciences.* Paris: PUF, 1989.
BAIN D., "Pour une formation à l'évaluation formative intégrée à la didactique". In: GATHER THURLER M., PERRENOUD Ph., *Savoir évaluer pour inieuv enseigner. Quelle formation des maîtres.?.* Genève: Service de la recherche sociologique. Cahier nº 26, 1988, p. 21-37.
BALLION R., *Les consommateurs d'école.* Paris: Stock, 1982.
_____., *La bonne école, évaluation et choix du collège et du lycée.* Paris: Hatier, 1991.
BARBIER J.-M., *L'évaluation en formation.* Paris: PUF, 1985.
BARLOW M., *L'évaluation scolaire. Décoder son langage.* Lyon: Chronique Sociale, 1992.
BETRIX KOHLER D., "Du bon usage de l'erreur dans une didactique de l'orthographe". In: ALLAL L., et *al. Évaluation formative et didactique du français* 1993, p. 161-170.
BLOOM B., *Handbook on formative and Summative evaluation of student learning.* New York: Mc Graw-Hill Book Co, 1971.
BONNIOL J.-J., "La fidélité en question, objet d'étude docimologique". *Connexions,* 19, 1976, p. 63-78.
BOURDIEU P. PASSERON J.-C., La *reproduction.* Paris: Éditions de Minuit, 1970.
BRU M., *Les variations didactiques dans l'organisation des conditions d'apprentissage.* Toulouse: Editions Universitaires du Sud, 1991.
CAMPANALE F., "L'auto-évaluation, un facteur de transformation des conceptions et des pratiques". *Cahiers du Séminaire R21, 4, 1996, p. 181-204.*

CARDINET J., *Évaluation scolaire et pratique*. Bruxelles: De Boeck Université, 1986.

_____., "Préface". In: SCALLON G., *L'évaluation formative des apprentissages*, Quebec Les Presses de l'Université Laval, 1988.

_____., "Évaluer sans juger": *Revue Française de Pédagogie*, 88, 1989, p. 41-52.

_____., "Remettre le quantitatif à sa place en évaluation scolaire". Neuchâtel: IRDP, *Recherches*, 1990, p. 90-101.

_____., "L'apport sociocognitif à la régulation interactive". In: WEISS J., (sous la direction de), *L'évaluation: problème de communication*. Cousset: (Fribourg), Del Val, 1991.

CHEVALLARD Y., "Vers une analyse didactique des faits d'évaluation". In: DE KETELE (ed.), *L'évaluation : approche descriptive ou prescriptiv*. Bruxelles: De Boeck Université, 1986, p. 31-59.

_____., "Évaluation, véridiction, objectivation". In: COLOMB J., MARSENACH J., *L'évaluateur en révolution*. Paris: INRP, 1990, p. 13-36.

_____., *La transposition didactique*. Grenoble: La Pensée Sauvage Éditions, 1991.

DANIAU J., *L'évaluation dynamique à l'école élémentaire*. Paris: A. Colin, 1989.

DE KETELE J.-M. (éd), *L'évaluation: approche descriptive ou prescriptive?*, Bruxelas: De Boeck Université, 1986.

_____., "L'évaluation conjugée en paradigmes". *Revue Française de Pédagogie*, 103, 1993, p. 59-80.

DE LANDSHEERE G., *Évaluation continue et examen. Précis de docimologie*, Bruxelas: Labor, 1976.

_____., *Introduction à la recherche en éducation*. Paris: A. Colin., 1976.

_____., *Dictionnaire de l'évaluation et de la recherche en éducation*. Paris: PUF, 1979.

DOISE W., MUGNY G., *Psychologie sociale et développement cognitif*. Paris: A. Colin, 1997.

DUPUIS J.-M., "Guide du bon usage des indicateurs d'évaluation". *Pour:* 107, 1986, p. 29-35.

ERNST B., "Les compétences des élèves de 6e au début des années 90". *Revue Française de Pédagogie*, 107, 1994, p. 29-41.

FAUQUET M., (dir.), *Pédagogie par objectifs. Évaluation. Rénovation*. Amiens: CRDP, 1985.

GATHER THURLER M., PERRENOUD Ph., *Savoir évaluer pour mieux enseigner. Quelle formation des maîtres?*. Genève: Service de la recherche sociologique, Cahier nº 26, 1988.

GUILLERAULT M., et al., "Résolution de problèmes et différenciation". *Cahiers du séminaire R21*, 1, 1992, p. 169-181.

HADJI C., *L'évaluation, règles du jeu*. Paris: ESF éditeur, 1989.

_____. *L'évaluation des actions éducatives*. Paris: PUF, 1992.

_____. *Penser et agir l'éducation*. Paris: ESF éditeur, 1992. Em produção em língua portuguesa pela Artmed Editora.

_____. "Évaluation et affectivité". *Cahiers Binet Simon*, 639-60, (23), 1994, p. 93-195.

_____. "Les incertitudes de l'évaluation" in AVANZINI G., (sous la direction de), *La Pédagogie aujourd'hui*, Paris, Dunod, 1996, p. 159-175.

JOHSUA S., DUPIN J.J., *Introduction à la didactique des sciences et des mathématiques*. Paris: PUF, 1993.

LAVEAULT D., "L'évaluation sommative se porte bien, merci!". *Mesure et évaluation en éducation,* 16 (3-4), 1993, p. 147-153.
LEGRAND L., *La différenciation pédagogique.* Paris: Éditions du Scarabée, 1986.
LESNE M., *Lire les pratiques de formation d'adultes.* Paris: Edilig, 1984.
MARTINAND J.-L., *Connaître et transformer la matière.* Berne: Peter Lang, 1986.
MEIRIEU P., *Apprendre... oui, mais comment?.* Paris: ESF éditeur, 1987.
MEN, DEP., *Évoluation à l'entrée en seconde générale et technologique,* histoire et geographie, set. 1993.
MERLE P., *L'évaluation des élèves. Enquête sur le jugement professoral.* Paris: PUF, 1996.
MONTEIL J.-M., *Éduquer et former. Perspectives psycho-sociales.* Grenoble: PUG, 1989.
MONTIGNY P., "Peut-on évaluer le travail de recherche ?". Pour, 107, 1986, p. 57-60.
NOIZET G., CAVERNI J.-P., *Psychologie de l'évaluation scolaire.* Paris: PUF, 1978.
NOT L., *Les pédagogies de la connaissance.* Toulouse: Privat, 1979.
NUNZIATI G., "Pour évaluer une formation". *Cahier de l'évaluation,* nº 2, Sèvres, CIEP, 1987, p. 41-57.
_____., "Pour construire un dispositif d'évaluation formatrice". *Cahiers Pédagogiques,* 280, 1990, p. 47-64.
PASCAL G., *L'idée de philosophie chez Alain.* Paris: Bordas, 1970.
PERRENOUD P., "Pour une approche pragmatique de l'évaluation formative". *Mesure et évaluation en éducation,* 13 (4), 1991, p. 49-81.
PERRET J.-F., WIRTHNER M., "Pourquoi l'élève se douterait-il qu'une question peut en cacher une autre ?". In: WEISS J., (sous la direction de), *L'évaluation, problème de communication,* 1991, p. 137-167.
PERRON R., (*sous la direction de*), *Les représentations de soi.* Toulouse: Privat, 1991.
PIÉRON H., *Examens et docimologie.* Paris: PUF, 1963.
RANJARD P., *Les enseignants persécutés.* Paris: Robert Jauze, 1984.
REUCHLIN M., "Problèmes d'évaluation". In: *Traité des Sciences Pédagogiques,* t. IV,.Paris: PUF, 1974.
SCALLON G., *L'évaluation formative des apprentissages.* Québec: Les Presses de l'Université Laval, 1988.
SCRIVEN M., "The methodology of evaluation". In Perspectives of curriculum evaluation, Chicago, Rand Mc Nally, 1967, p. 39-83.
STUFFLEBEAM et al., *L'évaluation en éducation et la prise de décision.* Ottawa: N. H. P, 1980.
THÉLOT C., *L'évaluation du système éducatif.* Paris: Nathan, 1993.
_____., "L'évaluation du système éducatif français". *Revue Française de pédagogie,* 107, 1994, p. 5-28.
TOURNEUR Y., "Articulations possibles des méthodes descriptive et prescriptive dans l'évaluation pédagogique...". In: DE KETELE (éd.), *L'évaluation approche descriptive ou prescriptive,* 1986, p. 231-248.
TRAUB R., MARAUN M., "La mesure en éducation au Canada: le passé, le présent et l'avenir". *Mesure et évaluation en éducation,* 17(2), 1994, p. 21-47.
VERMERSCH P., "Analyse de la tâche et fonctionnement cognitif dans la programmation de l'enseignement". *Bulletin de psychologie,* tome XXXIII, nº 343, 1979, p. 179-186.

VESLIN O. et J., *Corriger des copies. Évaluer pour former.* Paris: Hachette, 1992.
WAINER H., "Problèmes de mesure": *Mesure et évaluation en education,* 17 (2), 1994, p. 115-146.
WATZLAWICK P. et al., *Une logique de la communication.* Paris: Éditions du Seuil, 1972.
WEISS J., "La subjectivité blanchie?". In: DE KETELE (éd.), *L'évaluation: approche descriptive ou prescriptive?,* 1986, p. 9 1 -105.
_____., (sous la direction de), *L'évaluation: problème de communicanon.* Cousset: (Fribourg), Del Val, 1991.
_____., "L'enseignant "au coeur froid" ou l'objectivité en évaluation". *Mesure et évaluation en éducation,* 14 (4), 1992, p. 19-31.
_____., "Évaluer autrement". *Mesure et évaluation en éducation,* 17 (1) 1994, p. 63-73.